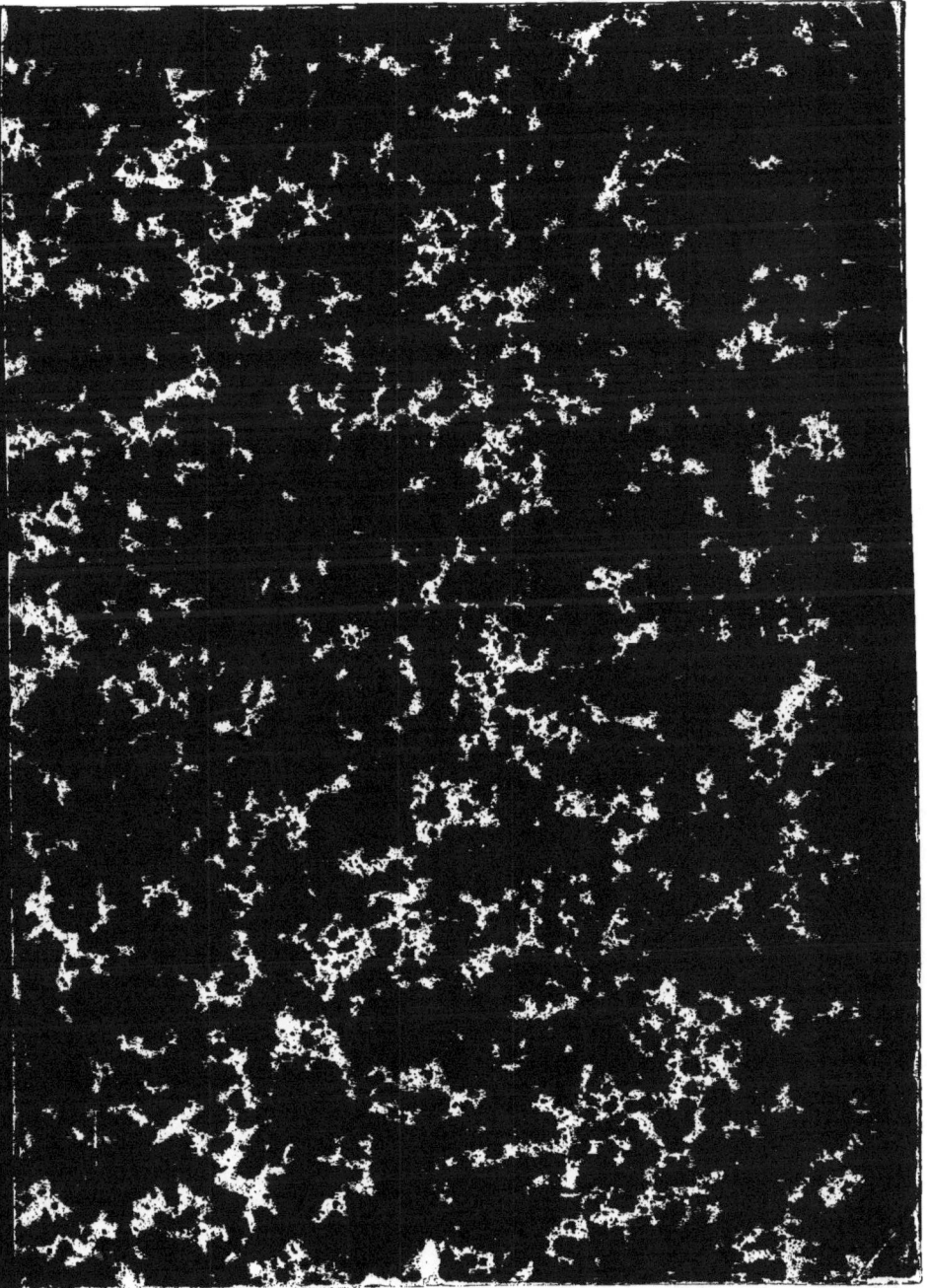

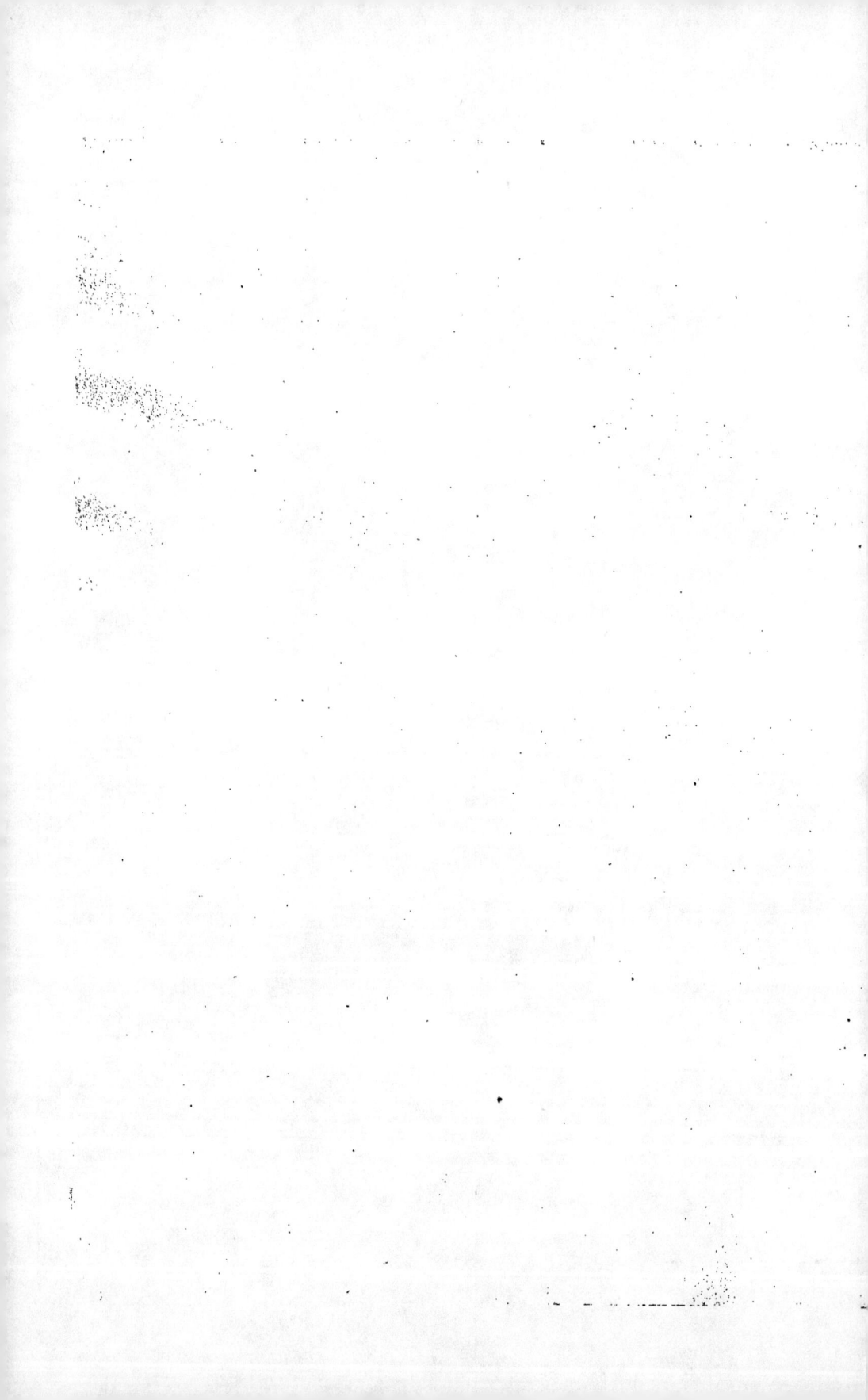

DEUX OCTAVES DU CLAVIER

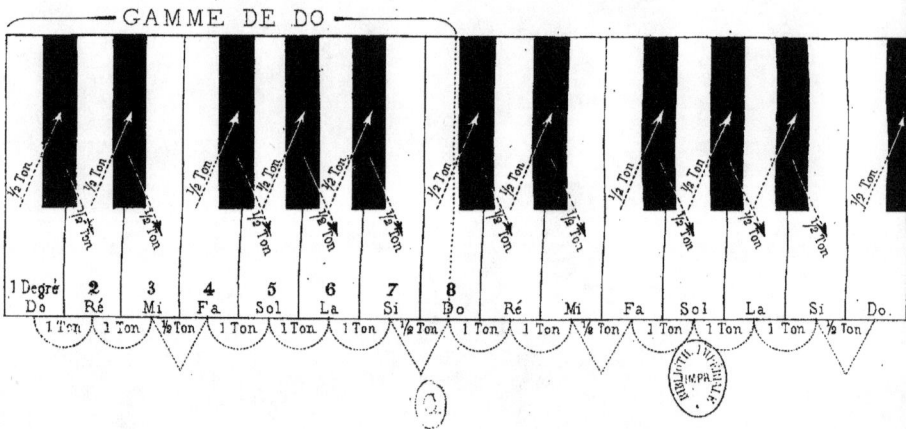

GAMME DE DO

| 1 Degré | 2 | 3 | 4 | 5 | 6 | 7 | 8 | | | | | | | |
| Do | Ré | Mi | Fa | Sol | La | Si | Do | Ré | Mi | Fa | Sol | La | Si | Do |

1 Ton — 1 Ton — ½ Ton — 1 Ton — 1 Ton — 1 Ton — ½ Ton — 1 Ton — 1 Ton — ½ Ton — 1 Ton — 1 Ton — 1 Ton — ½ Ton

Paris. — Imprimerie de L. MARTINET, rue Mignon, 2.

MANUEL

PRATIQUE ET ÉLÉMENTAIRE

D'HARMONIE

A L'USAGE

DES PENSIONNATS ET DES MÈRES DE FAMILLE

PAR

S. M. FITTON

Ouvrage approuvé par le Conservatoire Impérial de Musique

PARIS

G. BRANDUS, DUFOUR ET Cⁱᵉ, ÉDITEURS DE MUSIQUE

RUE RICHELIEU, 103

1857

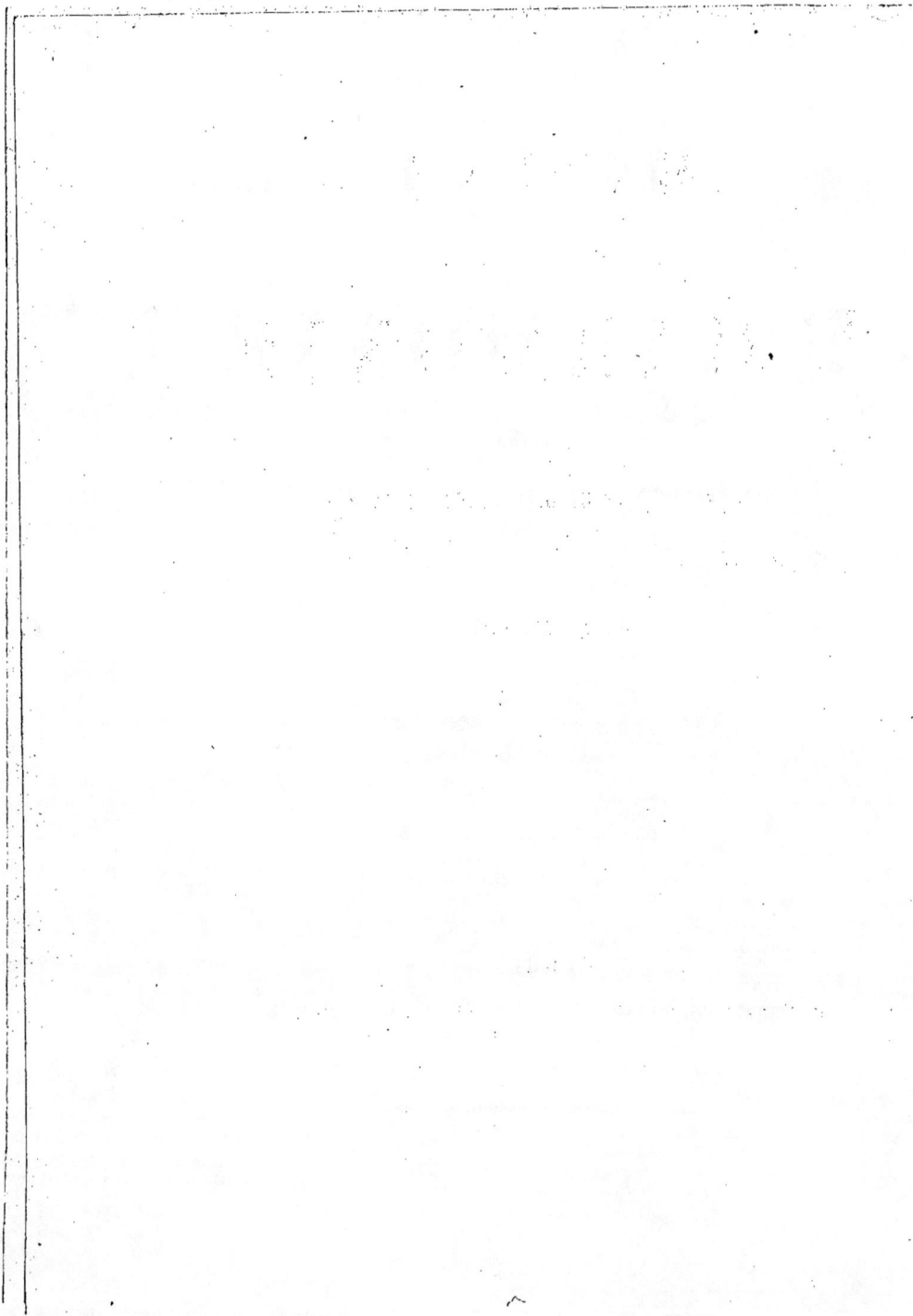

A

MONSIEUR HALÉVY,

MEMBRE DE L'INSTITUT, ETC., ETC.

MONSIEUR,

Permettez-moi de placer sous l'égide de votre nom si cher aux arts l'édition française de mon Manuel d'Harmonie, et de vous exprimer ici mes remercîments de l'accueil bienveillant que vous avez bien voulu faire à mon petit livre. Avec l'aide de vos bons conseils, j'ai tâché de le rendre aussi complet et en même temps aussi concis que possible. Veuillez donc avoir la bonté d'en accepter la dédicace, en témoignage de ma vive reconnaissance et de l'admiration que m'inspire votre génie.

S. M. FITTON.

(

L'édition anglaise de cet ouvrage, publié à Londres il y a quinze mois (1), a reçu l'approbation de l'Académie Royale de Musique d'Angleterre. La faveur avec laquelle le public l'a accueilli a suggéré à l'auteur d'en publier une édition française. Encouragé par de puissants suffrages, il réalise aujourd'hui son idée, animé surtout par l'espoir de se rendre utile à ceux qui se vouent aux études musicales.

Janvier 1857.

(1) *Conversations on Harmony.* Londres, octobre 1855.

TABLE DES MATIÈRES

MANUEL
D'HARMONIE

I

GAMME. — NOTES. — MESURE.

LA MÈRE.

On appelle Gamme ou Octave une succession de huit sons qui montent et descendent d'après certaines règles. La place occupée par chacun des sons de la gamme se nomme Degré.

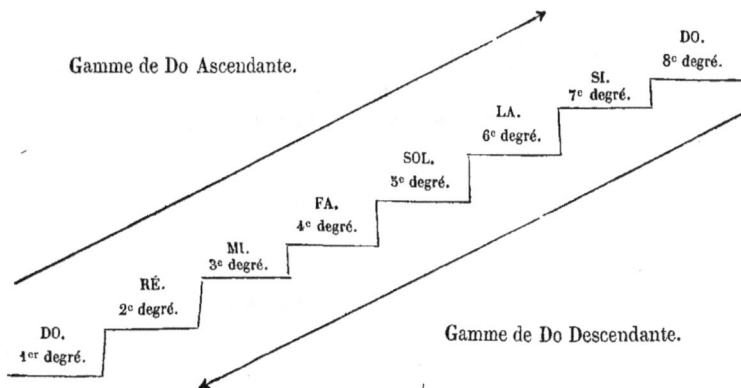

Gamme de Do Ascendante.

DO.
8ᵉ degré.

SI.
7ᵉ degré.

LA.
6ᵉ degré.

SOL.
5ᵉ degré.

FA.
4ᵉ degré.

MI.
3ᵉ degré.

RÉ.
2ᵉ degré.

DO.
1ᵉʳ degré.

Gamme de Do Descendante.

LE FILS.

Pourquoi le premier et le huitième son portent-ils le même nom ?

1

Parce que le huitième son n'est, en réalité, que la répétition du premier. Il peut être lui-même considéré comme le premier son d'une seconde octave qui reproduirait, plus haut, la même série de sons que la première, comme vous voyez dans cet exemple :

DEUX GAMMES OU OCTAVES DE DO.

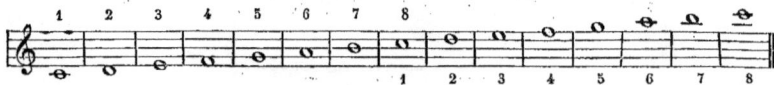

Le huitième son de cette seconde octave peut également devenir le premier son d'une troisième octave, et ainsi de suite.

Les noms des six premiers sons de la gamme ont été empruntés par Guido d'Arezzo, moine toscan du onzième siècle, aux premières syllabes des vers suivants :

Ut, 1. — UT queant laxis
Ré, 2. — REsonare fibris
Mi, 3. — MIra gestorum
Fa, 4. — FAmuli tuorum,
Sol, 5. — SOLve polluti
La, 6. — LAbii reatum.

C'est encore lui qui a imaginé d'exprimer ces sons par des points ou notes placés sur des lignes horizontales que l'on appelle Portée. Ces notes se placent aussi dans les Interlignes de la portée, ce qui veut dire, dans les espaces entre ses lignes.

Plus tard, le nom de Si a été donné au septième son par un musicien flamand dont le nom est inconnu. Doni, chanteur italien, substitua Do, la première syllabe de son propre nom, à la dénomination Ut, qu'il trouvait difficile à prononcer. Ce nom est aujourd'hui très généralement adopté.

Dans la musique imprimée, toutes les notes n'ont pas la même forme?

C'est que, aussi, dans la musique exécutée, les sons n'ont pas tous une durée égale. Voici les signes qui expriment la durée ou valeur relative des sons :

Ronde.	Blanche.	Noire.	Croche.	Double croche.	Triple croche.	Quadruple croche.

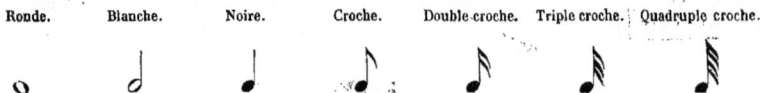

Dans la musique moderne, la ronde est la plus grosse note, et elle exprime la plus longue durée d'un son. Voici le tableau des valeurs des autres signes relativement à celle de la ronde, qui sert toujours d'étalon ou point de comparaison :

1 Ronde.	2 Blanches valent 1 Ronde.	4 Noires valent 2 Blanches ou 1 Ronde.	8 Croches valent 4 Noires ou 2 Blanches ou 1 Ronde.

1, 2, 3, 4. 1, 2, 3, 4. 1, 2, 3, 4. 1, 2, 3, 4.

16 Doubles Croches valent 8 Croches ou 4 Noires ou 2 Blanches ou 1 Ronde.	32 Triples Croches valent 16 Doubles Croches ou 8 Croches ou 4 Noires ou 2 Blanches ou 1 Ronde.

1, 2, 3, 4. 1, 2, 3, 4.

L'invention des notes de différentes formes, pour représenter les rapports de la durée des sons entre eux, est due à Jean de Murris, chanoine qui habitait Paris en 1335. Mais, si l'on écrivait sur la portée une succession de ces notes, il serait difficile de donner une marche fixe et régulière à la musique ainsi notée. Pour remédier à cet inconvénient, il eut l'heureuse idée de distribuer des notes de différentes valeurs sur des portions de portée qu'il appela Mesures et auxquelles il donna une durée égale. Ces mesures sont séparées les unes des autres par des lignes verticales ou Barres. Dans notre tableau il y a six mesures, dont chacune ne contient qu'une même espèce de note ; mais on peut y placer toutes sortes de notes, pourvu que leur durée totale ne dépasse pas la valeur de la ronde. Ainsi, au lieu de quatre noires, on peut mettre

4 Noires.	1 Ronde.	1 Blanche.	2 Croches.	4 Doubles Croches.

1, 2, 3, 4. 1, 2, 3, 4. 1, 2, 3, 4.

Une succession de différents sons, divisée en mesures égales, s'appelle Mélodie.

LE FILS.

Il y a un chiffre, 4, au commencement du premier de nos exemples, et une lettre, C, au commencement de celui-ci.

LA MÈRE.

Le 4 ou le C, ainsi placé, exprime que chaque mesure doit renfermer quatre noires ou une durée équivalente. La durée de chaque noire ou de sa valeur s'appelle un Temps, ce qui fait quatre temps pour la mesure entière, à laquelle, par suite, on donne le nom de Mesure à Quatre Temps. (Voyez l'exemple précédent.)

En prenant la moitié d'une mesure à quatre temps, c'est-à-dire, deux noires ou leur même valeur, on obtient une autre mesure appelée Mesure à Deux Temps. Elle s'indique par $\frac{2}{4}$. Ces chiffres veulent dire la portion que l'on prend de la mesure à quatre temps.

MESURE A DEUX TEMPS.

Quelquefois, au commencement d'un morceau de musique écrite à quatre temps, on rencontre le signe $\mathbf{C}$, barré ou traversé par une ligne verticale $\mathbf{\mathfrak{C}}$. Cela veut dire que le morceau doit être exécuté comme s'il était écrit à deux temps, c'est-à-dire, moitié plus vite que dans la mesure à quatre temps.

Écrit à quatre temps :

Exécuté à deux temps :

LE FILS.

Dans ce cas, alors, la Ronde a la durée d'une Blanche ; la Blanche a la durée d'une Noire ; la Noire a la durée d'une Croche.

LA MÈRE.

Précisément.

En prenant trois quarts de la mesure à quatre temps, on obtient encore une nouvelle mesure qui s'appelle Mesure à Trois Temps. Elle s'indique par 3 ou par $\frac{3}{4}$. Ces chiffres expriment que l'on prend trois noires de la mesure à quatre temps, c'est-à-dire, trois quarts de la ronde.

MESURE A TROIS TEMPS.

1, 2, 3.   1, 2, 3.   1, 2, 3.

LE FILS.

Dans la seconde mesure de cet exemple, il y a une blanche suivie d'un point noir. Peut-être c'est une autre espèce de note ?

LA MÈRE.

Non ; mais le point, ainsi placé à la suite d'une note, prolonge de moitié la durée de cette note ; c'est-à-dire, une blanche pointée vaut trois noires au lieu de deux.

Les mesures à deux, à trois et à quatre temps s'appellent Mesures Simples. Il y a aussi trois espèces de Mesures Composées. Elles s'indiquent par $\frac{6}{8}$, $\frac{9}{8}$ et $\frac{12}{8}$. Le chiffre supérieur, comme toujours, exprime les portions que l'on prend de la mesure à quatre temps divisée en huit croches, au lieu de l'être en quatre noires. Cette division s'exprime par le chiffre 8. Ainsi, pour établir la mesure à $\frac{6}{8}$ Temps, on prend six croches ; pour établir la mesure à $\frac{9}{8}$ Temps, on prend neuf croches ; pour établir la mesure à $\frac{12}{8}$ Temps, on prend douze croches.

Chaque mesure composée correspond à une mesure simple ayant le même nombre de temps, comme vous verrez dans ce tableau :

Six-huit Temps.   Neuf-huit Temps.   Douze-huit Temps.

1,   2.   1,   2,   3.   1,   2,   3,   4.

Deux Temps.   Trois Temps.   Quatre Temps.

1,   2.   1,   2,   3.   1,   2,   3,   4.

Deux Temps.   Trois Temps.   Quatre Temps.

1,   2.   1,   2,   3.   1,   2,   3,   4.

Les mesures à $\frac{9}{8}$ et à $\frac{12}{8}$ contiennent plus de croches que la mesure à quatre temps, d'où elles sont dérivées, mais on peut considérer ces mesures comme formées d'une mesure à quatre temps, plus une croche pour la mesure à $\frac{9}{8}$ et plus quatre croches, pour la mesure à $\frac{12}{8}$.

Remarquez aussi que, dans les mesures simples, le chiffre supérieur indique le nombre des Noires, et, dans les mesures composées, le nombre des Croches.

LE FILS.

Il y a six croches dans la mesure à trois temps, et aussi dans la mesure à six-huit temps, bien qu'elles ne correspondent pas.

LA MÈRE.

Le nombre de croches est pareil dans ces deux mesures, mais il y a une assez grande différence entre l'effet produit par chacune d'elles. Dans la mesure à trois temps, les six croches sont divisées en trois groupes de deux notes, tandis que, dans celle à six-huit temps, les six croches sont divisées en deux groupes de trois notes. (Voir l'exemple précédent nos 1 et 2.)

Il y a encore une autre espèce de mesure, celle à Trois-Huit Temps, qui ne peut être classée ni avec les mesures simples ni avec les mesures composées. Elle s'indique par $\frac{3}{8}$, et ne diffère de la mesure à trois temps que dans la manière dont on l'écrit.

LE FILS.

Une croche fait un temps dans la mesure à $\frac{3}{8}$ et une noire dans la mesure à $\frac{3}{4}$.

Il me semble que vous avez oublié la sixième note de la seconde mesure de cet exemple à trois temps.

LA MÈRE.

Je lui ai substitué un signe qui sert à combler le vide. On peut, en effet, remplacer toutes les notes par certains signes qui s'appellent Silences. En voici le tableau :

SILENCES.

Pause.	Demi-pause.	Soupir.	Demi-soupir.	Quart de soupir.
Au-dessous de la ligne, Ronde.	Au-dessus de la ligne, Blanche.	A droite, Noire.	A gauche, Croche.	A gauche, Double croche.

1, 2, 3, 4. 1, 2, 3, 4. 1, 2, 3, 4. 1, 2, 3, 4. 1, 2, 3, 4.

1, 2, 3, 4. 1, 2, 3, 4. 1, 2, 3, 4. 1, 2, 3, 4. 1, 2, 3, 4.

Dans toute espèce de mesure, il y a des temps qui frappent l'oreille plus sensiblement que les autres. On les appelle Temps Forts, par opposition aux autres qu'on nomme Temps Faibles.

Dans la mesure à deux temps, le premier temps est fort, le second faible ; dans la mesure à trois temps, le premier temps est fort, et les deux autres sont faibles ; dans la mesure à quatre temps, le premier et le troisième sont forts, le deuxième et le quatrième faibles.

DEUX TEMPS.

Faible.
1.   2.
Fort.

TROIS TEMPS.

Faible. Faible.
1.   2.   3.
Fort.

QUATRE TEMPS.

Faible.   Faible.
1.   2.   3.   4.
Fort.   Fort.

II

CLEFS. — NOTES DE LA GAMME. — INTERVALLES.

LA MÈRE.

Pour indiquer les noms des différentes notes dans la musique écrite, on place, sur une des lignes de la portée, un certain signe appelé Clef. Ce signe a trois formes particulières :

| Clef d'UT. | Clef de FA. | Clef de SOL. |

La note placée sur la ligne de la portée qui se trouve entre les deux divisions de la clef d'Ut, s'appelle Ut ou Do, comme vous voyez dans ce tableau Nᵒˢ 1 , 2 , 3. La note placée sur la ligne qui est traversée trois fois par la clef de Fa , prend le nom de Fa ; et la note placée sur la ligne que la clef de Sol traverse quatre fois, s'appelle Sol (Nᵒˢ 4 et 5 de notre tableau).

Clef d'Ut, 1ʳᵉ ligne. Clef d'Ut, 3ᵉ ligne. Clef d'Ut, 4ᵉ ligne. Clef de Fa, 4ᵉ ligne. Clef de Sol, 2ᵉ ligne.

A la suite de cette note on peut placer toutes les autres notes, en montant ou en descendant, dans l'ordre naturel de la gamme.

LE FILS.

Je n'ai jamais rencontré la clef d'Ut dans la musique de piano.

LA MÈRE.

Pour la musique de piano on se sert de la clef de Fa, sur la quatrième ligne, pour les notes basses, et de la clef de Sol, sur la deuxième ligne, pour les notes élevées.

LE FILS.

Il me semble que la gamme de Do ne peut s'écrire entièrement sur la portée qu'avec la clef d'Ut, première ligne.

LA MÈRE.

Vous avez raison. Pour écrire cette gamme avec les autres clefs il faut ajouter, au-dessus et au-dessous de la portée, des lignes qui s'appellent Lignes Supplémentaires. Voici la gamme de Do écrite sur des clefs différentes :

Pour exécuter la musique écrite avec la clef d'Ut, il faut la considérer comme si elle était écrite avec la clef de Sol : c'est-à-dire, faire descendre, mentalement, chaque note à la place qu'elle doit occuper dans la clef de Sol. Ainsi, respectivement pour la clef d'Ut, sur la première, troisième et quatrième ligne, chacune des notes deviendra la troisième, la septième et la neuvième inférieure. Vous comprendrez cela en comparant entre elles les quatre premières gammes de l'exemple que je viens de vous donner.

Les notes les plus importantes de la gamme sont la première, la cinquième et la septième.

La première note s'appelle Tonique, parce qu'elle détermine le nom de la gamme ou Ton qu'elle commence. On se sert très souvent du mot Ton pour désigner la nature d'une gamme quelconque. — La cinquième note s'appelle Dominante, parce que, après la tonique, elle a la plus grande importance. — Et la septième, Note Sensible, parce qu'elle fait pressentir à l'oreille la tonique dont elle est presque toujours suivie en montant.

De la gamme de Do, la tonique est Do ; la dominante Sol ; la note sensible Si.

Les autres notes de la gamme s'indiquent le plus souvent par les degrés qu'elles occupent, et l'on peut dire :

Pour la 1re note,   tonique ou 1er degré.
        2e   2e   —
        3e   3e   —
        4e   4e   —
        5e   dominante ou 5e   —
        6e   6e   —
        7e   sensible ou 7e   —
        8e   octave ou 8e   —

En parlant des notes qui se succèdent dans l'ordre naturel de la gamme, on dit qu'elles marchent par Degrés Conjoints. Les notes qui sont séparées par d'autres notes marchent par Degrés Disjoints.

La distance entre deux sons différents s'appelle Intervalle. Le premier degré est séparé de chacun des autres par un intervalle qui prend le nom de Seconde, Tierce, Quarte, Quinte, Sixte, Septième ou Octave, suivant la longueur de l'espace entre les deux degrés.

D'après cela, la distance entre deux degrés conjoints est intervalle de seconde : Do-Ré.
  la distance entre deux degrés séparés par 1 degré est intervalle de tierce : Do-Mi.
       —   —   2   —   —   quarte : Do-Fa.
       —   —   3   —   —   quinte : Do-Sol.
       —   —   4   —   —   sixte : Do-La.
       —   —   5   —   —   septième : Do-Si.
       —   —   6   —   —   d'octave : Do-Do.

On peut former ces sept intervalles en partant de toute autre note que la première de la gamme de Do, comme vous verrez dans ce tableau :

INTERVALLE DE SECONDE.

Do-Ré. Ré-Mi. Mi-Fa. Fa-Sol. Sol-La. La-Si. Si-Do.

1, 2. 1, 2. 1, 2. 1, 2.

1, 2. 1, 2. 1, 2.

INTERVALLE DE TIERCE.

Do-Mi.	Ré-Fa.	Mi-Sol.	Fa-La.	Sol-Si.	La-Do.	Si-Ré.
1, 2, 3.	1, 2, 3.	1, 2, 3.	1, 2, 3.	1, 2, 3.	1, 2, 3.	1, 2, 3.

INTERVALLE DE QUARTE.

Do-Fa.	Ré-Sol.	Mi-La.	Fa-Si.	Sol-Do.	La-Ré.	Si-Mi.
1, 2, 3, 4.	1, 2, 3, 4.	1, 2, 3, 4.	1, 2, 3, 4.	1, 2, 3, 4.	1, 2, 3, 4.	1, 2, 3, 4.

INTERVALLE DE QUINTE.

Do-Sol.	Ré-La.	Mi-Si.	Fa-Do.	Sol-Ré.	La-Mi.	Si-Fa.
1, 2, 3, 4, 5.	1, 2, 3, 4, 5.	1, 2, 3, 4, 5.	1, 2, 3, 4, 5.	1, 2, 3, 4, 5.	1, 2, 3, 4, 5.	1, 2, 3, 4, 5.

INTERVALLE DE SIXTE.

Do-La.	Ré-Si.	Mi-Do.	Fa-Ré.	Sol-Mi.	La-Fa.	Si-Sol.
1, 2, 3, 4, 5, 6.	1, 2, 3, 4, 5, 6.	1, 2, 3, 4, 5, 6.	1, 2, 3, 4, 5, 6.	1, 2, 3, 4, 5, 6.	1, 2, 3, 4, 5, 6.	1, 2, 3, 4, 5, 6.

INTERVALLE DE SEPTIÈME.

Do-Si.	Ré-Do.	Mi-Ré.	Fa-Mi.	Sol-Fa.	La-Sol.	Si-La.
1, 2, 3, 4, 5, 6, 7.	1, 2, 3, 4, 5, 6, 7.	1, 2, 3, 4, 5, 6, 7.	1, 2, 3, 4, 5, 6, 7.	1, 2, 3, 4, 5, 6, 7.	1, 2, 3, 4, 5, 6, 7.	1, 2, 3, 4, 5, 6, 7.

INTERVALLE D'OCTAVE.

Do-Do.	Ré-Ré.	Mi-Mi.	Fa-Fa.	Sol-Sol.	La-La.	Si-Si.
1, 8.	1, 8.	1, 8.	1, 8.	1, 8.	1, 8.	1, 8.

Dans une succession de deux octaves, il y a sept intervalles plus longs que l'intervalle d'octave, à partir de la première tonique; mais ils ne sont, en réalité, autre chose que les sept intervalles que nous venons d'étudier, avec la note supérieure dans une octave plus haute.

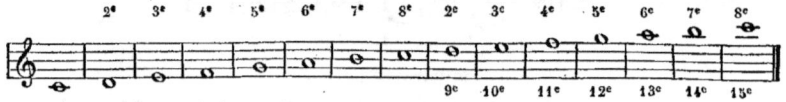

LE FILS.

Alors on n'ajoute rien à la longueur d'un intervalle en écrivant ses deux notes dans deux octaves?

LA MÈRE.

Pourvu que la note inférieure se trouve toujours au-dessous de l'autre, qui ne doit jamais perdre sa place de note supérieure, la nature de l'intervalle ne change pas. Cependant on peut dire : intervalle de Neuvième, Dixième, Onzième, Douzième, Treizième, Quatorzième et Quinzième.

L'effet produit par le même son, exécuté par deux ou plusieurs instruments, s'appelle Unisson.

III

DEMI-TONS. — ACCIDENTS. — INTERVALLES MODIFIÉS.

LA MÈRE.

La plus petite différence que l'oreille puisse apprécier entre deux sons s'appelle Demi-Ton. Deux demi-tons conjoints composent un Ton. Vous verrez, dans ce tableau, comment les tons et les demi-tons se succèdent dans la gamme de Do. (Voyez le tableau du clavier en face du titre.)

On peut modifier ou altérer tous les sons en les haussant ou en les baissant d'un demi-ton. Pour représenter ces altérations, on se sert des signes appelés Accidents.

Ils sont : ♯ Dièse ; ♭ Bémol ; ♮ Bécarre ; ✕ Double Dièse ; ♭♭ Double Bémol.

Le ♯, placé devant une note, la hausse d'un demi-ton.

Le ♭, placé devant une note, la baisse d'un demi-ton.

Le ♮, placé devant une note déjà altérée, remet cette note dans son état naturel.

Le ✕ ou ♭♭, placé devant une note déjà altérée, la hausse ou la baisse encore d'un demi-ton.

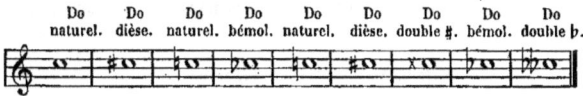

A l'aide d'un accident, on peut diviser un ton quelconque en deux demi-tons.

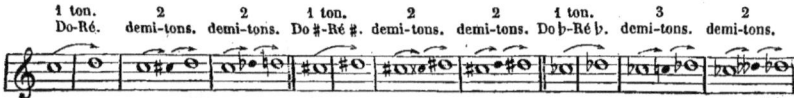

LE FILS.

Je trouve que Do ♯ et Ré ♭ se font sur la même touche noire ; Do ✕ et Ré ♮ sur la même touche blanche ; Do ♮ et Ré ♭♭ sur la même touche blanche.

LA MÈRE.

Deux notes qui, comme celles-ci, représentent à peu près le même son, et ne diffèrent sensiblement que par la manière de s'écrire, sont appelées Notes Enharmoniques, nom qui vient des mots grecs *en* et *harmonia*, (correspondance parfaite). Les instruments à sons fixes, nos pianos, par exemple, ne peuvent donner la très petite différence entre deux notes enharmoniques.

TABLEAU DES NOTES ENHARMONIQUES.

Si ×	Ré ♯		Mi ×	Sol ♯	La ♯
Do ♯	Mi ♭		Fa ♯	La ♭	Si ♭
Ré ♭	Fa ♭♭		Sol ♭		Do ♭♭

Si ♯	Do ×	Ré ×	Mi ♯	Fa ×	Sol ×	La ×
Ré ♭♭	Mi ♭♭	Fa ♭	Sol ♭♭	La ♭♭	Si ♭♭	Do ♭
Do	Ré	Mi	Fa	Sol	La	Si

Au moyen des accidents, tous les intervalles peuvent être modifiés considérablement. Prenons, par exemple, l'intervalle de seconde, Do-Ré. En plaçant un dièse devant Ré, la note supérieure, nous ajoutons un demi-ton à l'intervalle, et nous en ôtons un demi-ton en plaçant un bémol devant Ré.

INTERVALLE DE SECONDE MODIFIÉE.

Do-Ré.   Do-Ré ♯.   Do-Ré ♭.
2 demi-tons.   3 demi-tons.   1 demi-ton.

Nous obtiendrons les mêmes modifications de cet intervalle en altérant Do, la note inférieure.

Do-Ré.   Do ♭-Ré.   Do ♯-Ré.
2 demi-tons.   3 demi-tons.   1 demi-ton.

Tous les intervalles ne sont pas affectés de la même manière par cette modification, parce qu'ils n'ont pas tous la même nature. Il y en a de Majeurs, de Mineurs, et de Parfaits ou Justes.

Les intervalles de seconde, tierce, sixte et septième, sont majeurs ou mineurs, suivant le nombre de demi-tons dont ils se composent. Un intervalle mineur est toujours plus court d'un demi-ton que le même intervalle majeur. La tonique d'une gamme forme, avec le second, troisième, sixième et septième degré, des intervalles majeurs de seconde, tierce, sixte et septième.

On donne le nom Parfait ou Juste aux intervalles de quarte, quinte et octave, parce qu'ils ne peuvent être, comme les autres, ni majeurs ni mineurs. La tonique d'une gamme forme avec le quatrième, cinquième et huitième degré, des intervalles justes de quarte, quinte et octave.

En haussant d'un demi-ton la note supérieure, ou en baissant d'un demi-ton la note inférieure, on peut allonger les intervalles majeurs, qui s'appellent alors Intervalles Augmentés.

SECONDE MAJEURE.   SECONDE AUGMENTÉE.

Do-Ré.   Do-Ré ♯.
2 demi-tons.   3 demi-tons.

TIERCE MAJEURE.   TIERCE AUGMENTÉE.

Do-Mi.   Do-Mi ♯.
4 demi-tons.   5 demi-tons.

SIXTE MAJEURE.   SIXTE AUGMENTÉE.

Do-La.   Do-La ♯.
9 demi-tons.   10 demi-tons.

SEPTIÈME MAJEURE.   SEPTIÈME AUGMENTÉE.

Do-Si.   Do-Si ♯.
11 demi-tons.   12 demi-tons.

De même on peut rendre plus courts les intervalles mineurs en baissant d'un demi-ton la note la plus haute, ou en haussant d'un demi-ton la note la plus basse. Ainsi modifiés, ils s'appellent Intervalles Diminués.

SECONDE MINEURE. SECONDE DIMINUÉE. TIERCE MINEURE. TIERCE DIMINUÉE.

Do-Ré ♭.   Do-Ré ♭♭.   Do-Mi ♭.   Do-Mi ♭♭.
1 demi-ton.   Enharmonique.   3 demi-tons.   2 demi-tons.

SIXTE MINEURE.   **SIXTE DIMINUÉE.**

Do-La ♭.   Do-La ♭♭.
8 demi-tons.   7 demi-tons.

SEPTIÈME MINEURE.   **SEPTIÈME DIMINUÉE.**

Do-Si ♭.   Do-Si ♭♭.
10 demi-tons.   9 demi-tons.

Les intervalles parfaits ou justes deviennent, de la même manière, augmentés et diminués.

QUARTE JUSTE.   **QUARTE AUGMENTÉE.**   **QUARTE DIMINUÉE.**

Do-Fa.   Do-Fa ♯.   Do-Fa ♭.
5 demi-tons.   6 demi-tons.   4 demi-tons.

QUINTE JUSTE.   **QUINTE AUGMENTÉE.**   **QUINTE DIMINUÉE.**

Do-Sol.   Do-Sol ♯.   Do-Sol ♭.
7 demi-tons.   8 demi-tons.   6 demi-tons.

OCTAVE JUSTE.

Do-Do.
12 demi-tons.

OCTAVE AUGMENTÉE.   **OCTAVE DIMINUÉE.**

Do-Do ♯.   Do-Do ♭.
13 demi-tons.   11 demi-tons.

LE FILS.

Il y a donc des intervalles qui peuvent prendre quatre formes différentes, et d'autres qui n'en ont que trois.

LA MÈRE.

Vous avez raison. Les intervalles de seconde, tierce, sixte et septième, peuvent être majeurs, augmentés, mineurs et diminués ; les intervalles de quarte, quinte et octave, ne peuvent être que justes, augmentés et diminués.

LE FILS.

Je trouve le même nombre de demi-tons dans des intervalles différents. Dans la seconde augmentée, Do-Ré #, et dans la tierce mineure, Do-Mi ♭, il y a trois demi-tons.

LA MÈRE.

Cela est très vrai ; mais la différence entre ces deux intervalles est remarquable. Dans la seconde augmentée, il n'y a aucune note intermédiaire entre les deux notes, Do-Ré #, qui forment l'intervalle, tandis qu'un intervalle de tierce mineure, Do-(Ré)-Mi ♭, exige toujours une note intermédiaire (Ré).

SECONDE AUGMENTÉE. TIERCE MINEURE.

Do-Ré #.   Do-Mi ♭.
3 demi-tons.   3 demi-tons.

IV

RENVERSEMENT DES INTERVALLES.

LA MÈRE.

On change complétement la nature d'un intervalle en plaçant la note inférieure une octave plus haut, au-dessus de la note supérieure qui reste en place.

Sixte. Tierce.
Fa-Ré. Ré-Fa.

En plaçant la note supérieure une octave plus bas, au-dessous de la note inférieure qui reste en place, on obtient le même résultat.

Tierce. Sixte.
Ré-Fa. Fa-Ré.

Ce changement de nature d'un intervalle s'appelle son Renversement. Pour mieux comprendre le mécanisme de ce changement, vous pouvez décomposer en demi-tons nos deux intervalles : Fa-Ré et Ré-Fa.

LE FILS.

Sixte majeure.   Tierce majeure.
Fa-Ré.   Ré-Fa.
9 demi-tons.   3 demi-tons.

LA MÈRE.

Vous voyez que la note inférieure, Fa, forme avec Ré un intervalle majeur (sixte); mais, du moment que Fa est placé au-dessous de Ré, l'intervalle entre les deux notes est mineur (tierce).

Plaçons maintenant un dièse devant chacun de nos deux Fa. L'intervalle de sixte sera alors mineur, et l'intervalle de tierce, majeur.

LE FILS.

Sixte mineure.   Tierce majeure.
Fa ♯ - Ré.   Ré-Fa ♯.
8 demi-tons.   4 demi-tons.

LA MÈRE.

En plaçant un bémol devant nos deux Fa, vous verrez qu'un intervalle augmenté, renversé, devient un autre intervalle diminué.

LE FILS.

Sixte augmentée.   Tierce diminuée.
Fa ♭ - Ré.   Ré-Fa ♭.
10 demi-tons.   2 demi-tons.

LA MÈRE.

Pour voir comment un intervalle diminué, renversé, devient un autre intervalle augmenté, nous n'avons qu'à placer un double dièse, ×, devant nos deux Fa.

LE FILS.

Sixte diminuée.   Tierce augmentée.
Fa ×-Ré.   Ré-Fa ×.
7 demi-tons.   5 demi-tons.

LA MÈRE.

D'après le travail que nous venons de faire, il est évident qu'un intervalle majeur, renversé, devient un autre intervalle mineur ; qu'un intervalle mineur, renversé, devient un autre intervalle majeur ; — qu'un intervalle augmenté, renversé, devient un autre intervalle diminué ; — qu'un intervalle diminué, renversé, devient un autre intervalle augmenté.

J'ai fait ce tableau pour vous montrer que

L'intervalle de seconde, renversé, devient intervalle de septième.

—	tierce,	—	—	sixte.
—	quarte,	—	—	quinte.
—	quinte,	—	—	quarte.
—	sixte,	—	—	tierce.
—	septième,	—	—	seconde.
—	octave,	—	—	unisson.

Seconde. Septième. Tierce. Sixte. Quarte. Quinte. Quinte. Quarte.
Do-Ré. Ré-Do. Do-Mi. Mi-Do. Do-Fa. Fa-Do. Do-Sol. Sol-Do.

Sixte. Tierce. Septième. Seconde. Octave. Unisson.
Do-La. La-Do. Do-Si. Si-Do. Do-Do. Do-Do.

Un intervalle dont l'effet, s'il est exécuté isolément, satisfait l'oreille, s'appelle Consonnance ou Intervalle Consonnant. Le mot Consonnant vient des mots latins *cum* (avec) et *sonare* (sonner), et exprime la combinaison de deux sons différents qui, entendus simultanément, satisfont entièrement l'oreille.

Un intervalle isolé dont l'effet n'est pas tout à fait complet, s'appelle Dissonance ou Intervalle Dissonant. Le mot dissonant vient probablement des mots latins *dis*, qui donne l'idée d'opposition, et *sonare*. Il sert à exprimer la combinaison de deux sons qui paraissent se heurter l'un l'autre, et qui, à cause de cela, ne peuvent satisfaire l'oreille complétement.

Il y a six intervalles consonnants :

1. Tierce majeure et son renversement
2. Sixte mineure.
3. Tierce mineure et son renversement
4. Sixte majeure.
5. Quinte juste.
6. Octave juste.

Les autres quatre intervalles sont dissonants.

1. Seconde majeure et son renversement
2. Septième mineure.
3. Seconde mineure et son renversement
4. Septième majeure.

Les intervalles augmentés et diminués sont toujours dissonants.

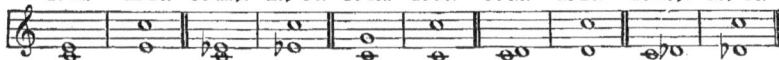

INTERVALLES CONSONNANTS.						INTERVALLES DISSONANTS.			
Tierce majeure.	Sixte mineure.	Tierce mineure.	Sixte majeure.	Quinte juste.	Octave juste.	Seconde majeure.	Septième mineure.	Seconde mineure.	Septième majeure.
Do-Mi.	Mi-Do.	Do-Mi♭.	Mi♭-Do.	Do-Sol.	Do-Do.	Do-Ré.	Ré-Do.	Do-Ré♭.	Ré♭-Do.

LE FILS.

Vous n'avez pas mis la quarte dans ces exemples?

LA MÈRE.

Parce qu'elle est regardée quelquefois comme dissonance, à cause de sa dureté, et quelquefois comme consonnance, parce qu'elle n'est autre chose que le renversement de la quinte, qui est elle-même une consonnance parfaite. On appelle Consonnances Parfaites les intervalles de quinte et octave, parce qu'on ne peut les altérer sans qu'ils deviennent dissonants.

Quinte juste.	Quinte augmentée.	Octave juste.	Octave augmentée.
Consonnance parfaite.	Dissonance.	Consonnance parfaite.	Dissonance.

La tierce et la sixte s'appellent Consonnances Imparfaites, parce qu'elles peuvent, au moyen d'une altération, devenir de majeure, mineure, et de mineure, majeure, sans cesser d'être consonnances.

CONSONNANCES IMPARFAITES.

Tierce majeure.	Tierce mineure.	Tierce mineure.	Tierce majeure.	Sixte majeure.	Sixte mineure.	Sixte mineure.	Sixte majeure.

V

FORMATION DE GAMMES.

LA MÈRE.

Jusqu'à présent nous n'avons parlé que de la gamme de Do. Mais on peut former autant de gammes différentes qu'il y a de notes. Pour former ces gammes, il est nécessaire de placer un dièse ou un bémol devant certaines notes, afin que les demi-tons se succèdent exactement de la même manière que dans la gamme de Do. (Voyez le tableau du clavier, en face du titre.)

D'après ce tableau, il y a entre le

1er et 2e degré,	Do-Ré,	un intervalle de seconde majeure, 1 ton.
2e et 3e —	Ré-Mi,	—	majeure, 1 ton.
3e et 4e —	Mi-Fa,	—	mineure, 1/2 ton.
4e et 5e —	Fa-Sol,	—	majeure, 1 ton.
5e et 6e —	Sol-La,	—	majeure, 1 ton.
6e et 7e —	La-Si,	—	majeure, 1 ton.
7e et 8e —	Si-Do,	—	mineure, 1/2 ton.

GAMME DE DO.

Demi-ton.
Mi-Fa.

Demi-ton.
Si-Do.

LE FILS.

Alors, il y a dans la gamme de Do cinq tons et deux demi-tons. Les deux demi-tons se trouvent entre les troisième et quatrième degrés, Mi-Fa, et entre les septième et huitième, Si-Do. Les cinq tons sont entre les autres degrés.

Pour former une gamme quelconque en partant de toute autre note que Do, il faut que les deux demi-tons soient placés de cette manière. Ainsi, la succession de huit notes de Sol à Sol n'est pas une gamme.

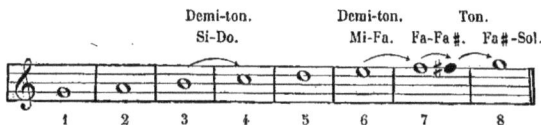

Il y a, il est vrai, un demi-ton du troisième au quatrième degré, comme dans la gamme de Do; mais le second demi-ton se trouve entre les sixième et septième degrés, et non, comme il doit être, entre les septième et huitième, où il y a un ton.

Pour transformer cette succession en gamme, il suffit de placer un dièse devant la septième note. Le demi-ton se trouve alors du septième au huitième degré, conformément à la règle, et nous avons un ton du sixième au septième degré. En comparant à la gamme de Do cette succession de huit notes ainsi modifiée, vous verrez que les demi-tons se correspondent exactement.

LE FILS.

Pourquoi avez-vous placé le dièse pour Fa au commencement de la portée, et pas devant la note elle-même?

LA MÈRE.

Parce que l'altération des notes dans les gammes s'indique toujours par des dièses ou des bémols placés à la clef.

LE FILS.

J'aimerais à former une gamme à partir de chacune des touches blanches et noires du piano.

LA MÈRE.

A l'aide de notre tableau du Clavier, vous verrez les notes qu'il faut altérer pour cela. (Voyez le tableau en face du titre.) Pour former la gamme de

Ré, il faut hausser d'un demi-ton 2 notes, Fa #, Do #.

La, — — 3 notes, Fa #, Do #, Sol #.

Mi, — — 4 notes, Fa #, Do #, Sol #, Ré #.

Si, — — 5 notes, Fa #, Do #, Sol #, Ré #, La #.

Fa #, — — 6 notes, Fa #, Do #, Sol #, Ré #, La #, Mi #.

Il est à remarquer que les différentes notes altérées par un dièse, pour former ces gammes, se trouvent de quinte à quinte en montant, à partir de Fa.

Premier #. Deuxième #. Troisième #. Quatrième #. Cinquième #. Sixième #.
Fa. Do. Sol. Ré. La. Mi.

En jouant ces gammes dans l'ordre où nous venons de les écrire, vous trouverez que chacune contient un dièse de moins que la gamme, dont sa dominante est tonique.

LE FILS.

Dans la gamme de Do, il n'y a aucun accident.
— Sol, dominante de Do, il y a 1 accident, Fa #.
— Ré, — Sol, il y a 2 — Fa #, Do #.
— La, — Ré, il y a 3 — Fa #, Do #, Sol #.
— Mi, — La, il y a 4 — Fa #, Do #, Sol #, Ré #.
— Si, — Mi, il y a 5 — Fa #, Do #, Sol #, Ré #, La #.
— Fa, — Si, il y a 6 — Fa #, Do #, Sol #, Ré #, La #, Mi #.

LA MÈRE.

Dans toutes les gammes avec des dièses, le dernier dièse se trouve toujours sur la note sensible.

LE FILS.

La tonique alors est un degré au-dessus du dernier dièse.

LA MÈRE.

Précisément ; et de cette manière :

Sensible. Tonique. Sensible. Tonique. Sensible. Tonique.
Fa #. Sol. Do #. Ré. Sol #. La.

Sensible. Tonique. Sensible. Tonique. Sensible. Tonique.
Ré #. Mi. La #. Si. Mi #. Fa #.

4

Toutes les gammes dont nous venons de parler s'obtiennent par l'altération en montant d'une ou de plusieurs notes. Pour former les autres gammes, il faut, au contraire, baisser d'un demi-ton une ou plusieurs notes. Si, par exemple, nous voulons former la gamme de Fa, nous trouvons qu'il y a, dans la succession de huit notes, à partir de Fa, un demi-ton du quatrième au cinquième degré, Si-Do, et deux demi-tons du troisième au quatrième, La-Si. (Voyez le tableau en face du titre.)

SUCCESSION DE HUIT NOTES A PARTIR DE FA.

Pour transformer cette succession en gamme de Fa, il suffit de placer un bémol devant Si, ce qui nous donne le demi-ton nécessaire entre le troisième et le quatrième degré. (Voyez le tableau en face du titre.)

LE FILS.

GAMME DE FA.

LA MÈRE.

Les autres gammes qui s'obtiennent avec des bémols sont :

La gamme de Si ♭, qui en renferme 2, Si ♭, Mi ♭.

—	Mi ♭,	—	3, Si ♭, Mi ♭, La ♭.
—	La ♭,	—	4, Si ♭, Mi ♭, La ♭, Ré ♭.
—	Ré ♭,	—	5, Si ♭, Mi ♭, La ♭, Ré ♭, Sol ♭.
—	Sol ♭,	—	6, Si ♭, Mi ♭, La ♭, Ré ♭, Sol ♭, Do ♭.

Ce tableau vous montrera la formation de ces gammes.

SUCCESSION DE HUIT NOTES A PARTIR DE SI ♭.   **GAMME DE SI ♭.**

SUCCESSION DE HUIT NOTES A PARTIR DE MI ♭.   **GAMME DE MI ♭.**

SUCCESSION DE HUIT NOTES A PARTIR DE LA ♭.   **GAMME DE LA ♭.**

SUCCESSION DE HUIT NOTES A PARTIR DE RÉ ♭.   **GAMME DE RÉ ♭.**

SUCCESSION DE HUIT NOTES A PARTIR DE SOL ♭.   **GAMME DE SOL ♭.**

Il est à remarquer que les différentes notes altérées par un bémol, pour obtenir ces gammes, se trouvent de quinte en quinte, en descendant, à partir de Si, la note sur laquelle le premier bémol se place.

Premier ♭.   Deuxième ♭.   Troisième ♭.   Quatrième ♭.   Cinquième ♭.   Sixième ♭.

Si.   Mi.   La.   Ré.   Sol.   Do.

La tonique d'une gamme qui contient des bémols se trouve toujours une quarte au-dessous du dernier bémol à la clef.

Si ♭.   Tonique. Fa.   Mi ♭.   Tonique. Si ♭.   La ♭.   Tonique. Mi ♭.

Ré ♭.   Tonique. La ♭.   Sol ♭.   Tonique. Ré ♭.   Do ♭.   Tonique. Sol ♭.

En jouant, au piano, les gammes de Fa ♯ et de Sol ♭, vous verrez qu'elles se font sur les mêmes touches. Ces deux gammes sont composées de notes enharmoniques, et, pour cette raison, s'appellent Gammes Enharmoniques.

Fa ♯.

Sol ♭.

Une gamme qui ne renferme d'autre accident que ceux qui se trouvent à la clef s'appelle Gamme Diatonique. Ce nom vient des mots grecs *dia* (par) et *tonos* (ton), ou comme on peut dire, de Ton à Ton. Toutes les gammes dont nous avons parlé jusqu'ici sont diatoniques.

Une succession de notes par demi-tons comprenant une octave s'appelle Gamme Chromatique. Ce nom vient du mot grec *chroma* (couleur). Dans la musique antique, on trouve les demi-tons marqués de couleur pour les distinguer des tons.

GAMME CHROMATIQUE.

VI

GAMMES MAJEURES ET GAMMES MINEURES.

LA MÈRE.

En baissant d'un demi-ton la troisième et la sixième note d'une gamme quelconque, on obtient une Gamme Mineure, nom qui vient des intervalles de tierce et de sixte mineure formés par la tonique avec ces deux notes altérées. Les gammes dont nous avons déjà parlé s'appellent Gammes Majeures, parce que leurs intervalles de tierce et de sixte sont majeurs.

GAMME MINEURE DE DO.

LE FILS.

Il me semble que les demi-tons, dans la gamme mineure, ne peuvent se trouver entre les mêmes degrés que dans la gamme majeure.

LA MÈRE.

Vous avez raison. Il y a toujours un demi-ton du septième au huitième degré; mais il y en a deux autres du second au troisième et du cinquième au sixième, ce qui nous donne trois demi-tons dans la gamme mineure, au lieu de deux comme dans la gamme majeure.

L'altération de la troisième et sixième note s'indique par des accidents ajoutés ou retranchés à la clef, suivant la gamme correspondante.

LE FILS.

Ainsi, il faut avoir deux bémols à la clef pour la gamme mineure de Do, un pour Mi, et l'autre pour La?

LA MÈRE.

D'après la règle qui prescrit de placer à la clef le premier bémol sur Si, nous sommes obligés de placer un autre bémol pour cette note, bien qu'elle soit vraiment naturelle dans la gamme mineure de Do. Seulement il faut placer un bécarre devant le Si chaque fois qu'il se présente, au moins quand il est suivi de la tonique. Dans la gamme mineure de Do, en descendant, le Si est suivi de la sixième note, et l'on peut alors conserver le bémol.

GAMME MINEURE DE DO.

LE FILS.

Je ne comprends pas pourquoi la septième note de la gamme mineure peut être baissée d'un demi-ton en descendant au sixième degré et pas en montant au huitième ?

LA MÈRE.

C'est que, dans la gamme descendante, la note sensible étant précédée et non suivie de la tonique, il est moins important qu'il y ait un demi-ton entre les deux notes. Dans la gamme ascendante, au contraire, il faut toujours que la distance soit la plus petite possible entre le septième et le huitième degré, parce que l'oreille attend et même désire le retour de la tonique.

LE FILS.

Il y a les mêmes bémols, exactement, à la clef de la gamme mineure de Do et de la gamme majeure de Mi ♭.

LA MÈRE.

Chaque gamme mineure est indiquée à la clef de la même manière qu'une autre gamme majeure. Ces deux gammes, l'une majeure et l'autre mineure, se disent alors Relatives. Voici la gamme mineure de La, pouvez-vous me dire la gamme majeure à laquelle elle est relative ?

GAMME MINEURE DE LA.

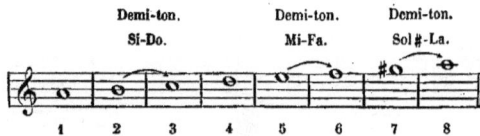

LE FILS.

Elle doit être relative à la gamme majeure de Do, parce qu'il n'y a que cette gamme majeure qui s'écrit sans accident à la clef.

Pourquoi le Sol est-il altéré dans la gamme mineure de La ?

LA MÈRE.

C'est pour avoir, suivant la règle, un demi-ton entre la note sensible et la tonique.

Vous trouverez parfois la gamme mineure écrite avec la sixième note haussée d'un demi-ton aussi bien que la septième. Cette altération diminue de beaucoup le caractère mineur de la gamme et, pour cette raison, ne doit être employée que rarement.

LE FILS.

Et toutes les autres gammes majeures ont-elles des relatives mineures, aussi bien que la gamme de Do ?

LA MÈRE.

Oui ; elles ont aussi d'autres relatives, comme nous verrons plus tard.

La tonique de la gamme mineure est la troisième note au-dessous, ou la sixième au-dessus de la tonique de la gamme majeure relative, comme vous le verrez dans le tableau suivant.

TONIQUES DE TOUTES LES GAMMES MAJEURES ET DE LEURS GAMMES RELATIVES MINEURES.

Do majeur.	La mineur.	Sol. majeur.	Mi. mineur.	Ré. majeur.	Si. mineur.	La. majeur.	Fa. mineur.

Mi majeur.	Do mineur.	Si majeur.	Sol # mineur.	Fa # majeur.	Ré # mineur.

Fa majeur.	Ré mineur.	Si ♭ majeur.	Sol mineur.	Mi ♭ majeur.	Do mineur.

La ♭ majeur.	Fa mineur.	Ré ♭ majeur.	Si ♭ mineur.	Sol ♭ majeur.	Mi ♭ mineur.

LE FILS.

Les gammes majeures et leurs gammes relatives mineures s'indiquent à la clef de la même manière. Comment donc peut-on savoir dans quelle gamme on est ?

LA MÈRE.

En regardant la dernière note à la basse qui est toujours la tonique. Par exemple, s'il y a un bémol à la clef et que Fa soit la dernière note à la basse, on est dans la gamme majeure de Fa. Mais si cette dernière note est Ré, on est dans la gamme mineure de Ré. Vous comprendrez cela en lisant ces deux exemples :

1.   EN FA MAJEUR.   MOZART.

MÊME EXEMPLE EN RÉ MINEUR.

Quelquefois on peut savoir si l'on est en majeur ou en mineur, en cherchant dans les premières mesures la cinquième note de la gamme majeure indiquée à la clef. Si cette note n'est pas altérée, le morceau est en majeur; si elle est haussée d'un demi-ton, alors le morceau est en mineur. Vous verrez cela, en cherchant dans ces exemples : Do naturel dominante de Fa majeur, qui devient Do dièse, note sensible de Ré mineur. Mais ce moyen de reconnaître la nature des gammes n'est pas si sûr que l'autre.

VII

FORMATION DES ACCORDS. — PARTIES. — POSITION DES ACCORDS.

On appelle Accord la combinaison ou réunion de plusieurs sons séparés l'un de l'autre par un intervalle de tierce. Un accord complet se compose de trois sons au moins et de cinq sons au plus.

Accord de trois sons.	Accord de quatre sons.	Accord de cinq sons.
Deux intervalles de tierce.	Trois intervalles de tierce.	Quatre intervalles de tierce.
Do-Mi, Mi-Sol.	Do-Mi, Mi-Sol, Sol-Si.	Do-Mi, Mi-Sol, Sol-Si, Si-Ré.

Fondamentale.

La note la plus basse d'un accord s'appelle Fondamentale, parce qu'elle sert, pour ainsi dire, à supporter l'ensemble des autres notes.

La seconde note d'un accord, c'est-à-dire la première au-dessus de la fondamentale, s'appelle Tierce de l'accord ; — la troisième note, Quinte de l'accord ; — la quatrième note, Septième de l'accord ; — et la cinquième note, Neuvième de l'accord.

Tous ces noms viennent de l'intervalle que chacune de ces notes forme avec la fondamentale.

Dans nos exemples, Do est fondamentale.
— Mi est tierce de l'accord.
— Sol est quinte de l'accord.
— Si est septième de l'accord.
— Ré est neuvième de l'accord.

L'accord de trois sons, dont la fondamentale est la première note d'une gamme, s'appelle Accord de Tonique. Celui qui a pour fondamentale la cinquième note s'appelle Accord de Dominante.

Les accords, dont la fondamentale n'est ni tonique ni dominante, prennent le nom du degré sur lequel leur fondamentale se trouve.

Ainsi l'on dit :   Accord du 2e Degré.
                          —   3e —
                          —   4e —
                          —   5e —
                          —   6e —
                          —   7e —

Les accords de trois tons, dont la fondamentale forme avec la note la plus haute un intervalle de quinte juste ou parfaite, s'appellent Accords Parfaits.

ACCORD PARFAIT MAJEUR DE DO.   ACCORD PARFAIT MINEUR DE DO.

Tierce majeure.   Tierce mineure.   Tierce mineure.   Tierce majeure.
Do-Mi.   Mi-Sol.   Do-Mi♭.   Mi♭-Sol.

Quinte parfaite ou juste.   Quinte parfaite ou juste.
Do-Sol.   Do-Sol.

Vous voyez que, dans ces deux accords, la fondamentale ne forme pas avec la note placée immédiatement au-dessus des intervalles de tierce de même nature. Dans le premier, l'intervalle Do-Mi est tierce majeure ; dans le second, il est tierce mineure, Do-Mi ♭. Pour cette raison, le premier de ces accords s'appelle Accord Parfait Majeur ; le second, Accord Parfait Mineur.

Dans un accord de trois sons composé de deux intervalles de tierce mineure, la fondamentale forme avec la note la plus haute un intervalle de quinte diminuée, d'où l'accord prend le nom d'Accord Diminué.

Tierce mineure.   Tierce mineure.
Do-Mi♭.   Mi♭-Sol♭.

Quinte diminuée.
Do-Sol ♭.

D'après cela, si nous écrivons un accord de trois sons sur tous les degrés de la gamme majeure et de la gamme mineure, nous trouverons :

                  3 accords parfaits majeurs : 1er, 4e et 5e degrés.
En majeur, 3   —   mineurs : 2e, 3e et 6e degrés.
                  1 accord diminué : 7e degré.

                  2 accords parfaits mineurs : 1er et 4e degrés.
En mineur, 2   —   majeurs : 5e et 6e degrés.
                  2 accords diminués sur les 2e et 7e degrés.
                  1 accord de quinte augmentée, 3e degré.

Ce dernier accord prend son nom de la nature de l'intervalle de quinte que sa fondamentale forme avec la note la plus haute. Nous en parlerons plus tard.

ACCORDS DE TROIS SONS SUR TOUS LES DEGRÉS DE LA GAMME.

Vous voyez que, dans les deux gammes majeure et mineure, il y a un accord parfait majeur sur le cinquième degré, et un accord diminué sur le septième degré. Tous les autres accords diffèrent dans les deux gammes.

Quand une suite d'accords est exécutée par des voix ou des instruments, les notes de chaque accord sont distribuées entre les exécutants, de manière que toutes soient entendues simultanément.

LE FILS.

Mais la musique est souvent exécutée par plus de cinq instruments à la fois ?

LA MÈRE.

Cela est très vrai; mais alors il y en a qui font entendre les mêmes notes dans la même octave, ou qui les répètent dans des octaves différentes.

Pour apprendre la manière de former et d'enchaîner entre eux des accords, ce qui constitue l'étude de l'harmonie, on a l'habitude d'écrire pour des voix, parce que la voix est le plus simple de tous les instruments.

Les quatre voix généralement employées sont :

1° Le Soprano, qui est la voix la plus aiguë des femmes.

2° Le Contralto, qui est la voix la plus grave des femmes.

3° Le Ténor, qui est la voix la plus aiguë des hommes.

4° La Basse, qui est la voix la plus grave des hommes.

La succession de notes assignées à chaque voix ou instrument s'appelle Partie. Suivant le nombre de voix, on dit que la musique est écrite à Trois, à Quatre, à Cinq, ou à un plus grand nombre de parties.

LE FILS.

La tierce de chaque accord doit-elle se placer dans la partie la plus proche au-dessus de la basse ; la quinte dans la partie au-dessus de la tierce , et l'octave de la fondamentale dans la partie la plus haute ?

LA MÈRE.

Pas toujours. Les différentes notes des accords qui se succèdent ne conservent pas continuellement leurs positions naturelles, parce que l'effet d'une telle succession d'accords serait insupportable à cause de sa dureté. On peut placer successivement dans une même partie la tierce de plusieurs accords ; mais si l'on place la quinte toujours dans la même partie, on obtient, entre cette partie et la basse, une succession d'intervalles de quintes d'un effet extrêmement dur. L'octave de la fondamentale, toujours placée dans une même partie, ne produirait dans cette partie que la répétition de la basse à distance d'une ou deux octaves, ce qui réduirait l'harmonie, c'est-à-dire l'ensemble des accords, à trois parties réelles au lieu de quatre.

Succession de tierces.   Succession de quintes.   Succession d'octaves.
Bon.   Très dur.   Insignifiant.

Comme le seul objet de la musique est de satisfaire et de contenter l'oreille, on ne doit jamais faire des successions dures et insignifiantes. Le moyen de les éviter est de donner à chaque partie supérieure tantôt la tierce, tantôt la quinte, tantôt la fondamentale, et jamais la quinte ou la fondamentale deux fois de suite.

DISTRIBUTION DE NOTES DANS LES PARTIES SUPÉRIEURES.

LE FILS.

D'après ces exemples, la tierce de l'accord peut se placer dans une partie plus haute que la partie qui contient la quinte, et l'octave de la fondamentale dans une partie plus haute ou plus basse que la tierce ou la quinte ?

LA MÈRE.

Certainement, et sans affecter la nature de l'accord.

La distance entre les notes, dans chaque partie, doit être la plus courte possible, pour qu'elle soit facile à chanter. La distribution des notes du premier accord détermine à peu près celle des accords qui suivent, parce que toutes ces notes doivent marcher, autant que possible, vers les notes les plus rapprochées. Pour bien comprendre cela, il faut étudier très soigneusement les exemples que je viens de vous donner.

Quand la fondamentale est dans la partie la plus haute, soprano, l'accord est dans sa première position. Il est dans sa seconde ou dans sa troisième position, suivant que la tierce ou la quinte sont placées au soprano.

Un accord se dit Brisé, quand ses notes se succèdent dans une même partie ; et Plaqué, quand ses notes sont placées l'une au-dessus de l'autre.

L'accord peut être brisé dans une des parties, pendant que, dans les autres, les notes ne se changent pas.

VIII

BASSE CHIFFRÉE. — RÉALISATION D'UNE BASSE. — MOUVEMENT DES PARTIES. SUCCESSION D'INTERVALLES.

LA MÈRE.

La meilleure manière d'étudier la nature des accords différents est de faire une succession de notes à la basse et de placer d'autres notes dans les parties supérieures, de manière à former une succession d'accords. Pour rendre ce travail plus facile, on a imaginé de placer au-dessus de chaque note à la basse certains chiffres pour indiquer les intervalles que les parties supérieures doivent former avec la basse. Si, par exemple, Do, à la basse, est chiffré par $\frac{5}{3}$, l'accord parfait, dont la fondamentale est Do, doit être complété par Mi et Sol dans les parties supérieures, parce que ces deux notes forment avec Do, fondamentale, les intervalles de tierce, Do-Mi, et de quinte, Do-Sol, exprimés par le 3 et le 5 ; à peu près de cette manière :

Cette manière de compléter des accords indiqués par la basse s'appelle Réalisation de cette basse.

L'accord parfait se chiffre également par 3, par 5, ou par 8. Un dièse, un bémol ou un bécarre placés devant un chiffre signifient que l'on doit altérer la note qui forme avec la basse l'intervalle indiqué par ce chiffre. Par exemple, dans l'accord parfait du cinquième degré de la gamme mineure, la tierce, qui est note sensible, est toujours haussée d'un demi-ton, et, pour l'exprimer, on place un dièse ou bécarre devant le 3. Très souvent le 3 est même supprimé, et l'accident suffit à sa place.

J'ai chiffré et réalisé une petite basse de quatre notes, Do, Fa, Sol, Do, pour vous donner une idée de ce que je viens de vous expliquer.

RÉALISATION A TROIS PARTIES.

LE FILS.

Vous avez omis la note Sol dans le dernier accord. L'avez-vous fait exprès ?

LA MÈRE.

Oui. En écrivant une suite d'accords à trois parties, il est nécessaire quelquefois de supprimer une note pour éviter certaines fautes dont nous parlerons bientôt. Ordinairement ou supprime la quinte de l'accord plutôt que la tierce, parce que l'intervalle qu'elle forme avec la fondamentale est moins agréable à l'oreille.

Voici la même basse réalisée à quatre parties :

LE FILS.

Maintenant vous avez écrit une note de chaque accord deux fois !

LA MÈRE.

Il n'est pas possible d'écrire des accords de trois sons à quatre parties sans doubler une des notes. On double la tierce plus rarement que la fondamentale et la quinte, et il ne faut jamais la doubler quand elle est note sensible suivie de la tonique. Plus tard, vous comprendrez l'utilité de cette règle.

La réalisation d'une basse est plus ou moins bonne, suivant le mouvement que l'on donne aux différentes parties par rapport l'une à l'autre. Il y a trois espèces de mouvement :

1° Mouvement Contraire, quand une partie monte pendant que l'autre descend.

2° Mouvement Oblique, quand une partie monte ou descend pendant que l'autre reste immobile.

3° Mouvement Semblable, quand les parties montent et descendent en même temps.

Mouvement contraire.

Mouvement oblique.

Mouvement semblable.

Le soprano et la basse frappent l'oreille plus sensiblement que les deux autres parties. Pour cette raison, ils doivent marcher par mouvement contraire ou oblique plus souvent que par mouvement semblable, qui peut nous amener des fautes de quintes ou d'octaves.

Pour que la réalisation d'une basse soit bonne, il ne suffit pas de distribuer indistinctement les notes des accords parmi les différentes parties. Il faut, au contraire, observer certaines règles que je vais vous répéter.

1. L'intervalle de tierce ou de sixte, dans deux parties quelconques, peut être précédé d'un autre intervalle quelconque, comme dans cet exemple : par

Mouvement contraire.	Mouvement semblable.	Mouvement oblique.	Mouvement contraire.	Mouvement oblique.
Bon.	Bon.	Bon.	Bon.	Bon.

2. Une suite de tierces ou de sixtes par mouvement semblable est toujours exempte de fautes.

3. Il vaut mieux toujours arriver sur un intervalle de quinte ou d'octave par mouvement contraire ou oblique, que par mouvement semblable.

Mouvement semblable.	Mouvement contraire.	Mouvement oblique.	Mouvement contraire.	Mouvement contraire.
Mauvais.	Bon.	Bon.	Bon.	Bon.

4. Deux intervalles de quinte juste, ou d'octave juste, ne doivent jamais se succéder, même par mouvement contraire.

Mouvements semblables et contraires. — Mauvais.

5. Le mouvement semblable n'est bon que lorsque la partie supérieure marche par Degrés Conjoints, et la partie inférieure par Degrés Disjoints.

Mouvement semblable. — Bon.

Degrés conjoints.

Degrés disjoints.

Quand deux quintes ou deux octaves se succèdent par mouvement semblable ou contraire, elles s'appellent Quintes Réelles et Octaves Réelles. Vous en trouverez dans l'avant-dernier de nos exemples.

Quand on arrive sur un intervalle de quinte ou d'octave par mouvement semblable, il en résulte toujours ce qu'on appelle une Quinte ou une Octave Cachée. Ces intervalles sont dits Cachés, parce qu'une des notes qui les forment n'existe pas en réalité. On ne les trouve qu'en ajoutant les notes nécessaires pour que les deux parties marchent par degrés conjoints.

QUINTES CACHÉES.

OCTAVES CACHÉES.

Ces intervalles de quinte et d'octave se présentent de trois manières différentes, comme vous voyez dans nos exemples :

1° Quand la partie supérieure marche par degrés conjoints.

2° Quand la partie inférieure marche par degrés conjoints.

3° Quand les deux parties marchent par degrés disjoints.

Deux intervalles de quintes réelles sont tolérés quand le deuxième est une quinte diminuée.

IX

BASSE RÉALISÉE.

LA MÈRE.

Trouvez-vous quelque différence entre ces deux réalisations de l'accord Sol, Si, Ré ?

LE FILS.

Dans le premier, il y a deux quintes entre la basse et le contralto : Sol-Ré, Do-Sol.

LA MÈRE.

Très bien ; mais il y a encore une faute. La tierce du premier accord Sol, Si, Ré, qui est la note sensible, doit aller sur la tonique en montant d'un demi-ton, et vous voyez qu'elle va sur le Mi par intervalle de quarte : Si-Mi, au soprano.

Dans le second exemple, les notes Si–Do, au soprano, et Ré–Mi, au ténor, marchent par degrés conjoints, et le contralto conserve la même note, Sol, dans les deux accords, ce qui fait éviter la faute de deux octaves que vous avez trouvée dans le premier exemple. Quand une note est conservée dans une même partie pendant plusieurs mesures, on tire un trait au-dessous d'elle d'une mesure à l'autre. La note ainsi prolongée s'appelle Tenue.

Voici une basse de trois notes, Do, La et Fa, à réaliser en accords parfaits. Comme un des meilleurs moyens d'éviter les fautes de quintes et d'octaves est d'avoir, autant que possible, des tenues, nous allons chercher les notes communes à deux de nos accords ou à tous les trois.

LE FILS.

Do est fondamentale du premier accord : DO-Mi-Sol.
— tierce du second accord : La-DO-Mi.
— quinte du troisième accord : Fa-La-DO.

LA MÈRE.

La note Do, alors, peut rester en place dans une des parties supérieures pendant la durée de trois mesures. Nous la placerons au soprano.

Il y a une note commune aux premiers et second accords : La, fondamentale de l'accord LA, Do, Mi, et tierce de l'accord Fa, LA, Do.

Mi est encore tierce du premier accord Do, MI, Sol, et quinte du second accord La, Do, MI.

On peut donc placer La au contralto dans les seconde et troisième mesures, et Mi au ténor dans les première et seconde mesures.

Pour compléter le premier accord Do, Mi, Sol, on peut placer la quinte, Sol, au contralto; et pour compléter le troisième, il n'y a qu'à doubler Fa (fondamentale), au ténor.

J'ai réalisé encore une basse de trois notes, Do, Ré, Do, pour vous faire voir que le mouvement contraire évite aussi les fautes de quintes et d'octaves.

Voici une basse de cinq notes, Do, La, Fa, Sol, Do, dont nous allons voir la réalisation avec les accords dans leurs trois positions différentes. Nous pouvons, pour les trois premières notes, Do, La, Fa, répéter notre réalisation déjà faite (voyez l'exemple précédent). Cherchez s'il y a des notes communes aux troisième et quatrième accords.

LE FILS.

Il n'y en a pas ; Fa, La, Do est le troisième accord.

Sol, Si, Ré, le deuxième.

LA MÈRE.

Alors il faut changer de note dans toutes les parties supérieures, ce qui rend la réalisation difficile, à cause des quintes et des octaves qui se présentent naturellement. On ne peut doubler les deux fondamentales, Fa et Sol, dans la même partie, sans produire deux octaves :

Fa   Sol
| octave, | octave.
Fa   Sol

Mais nous pouvons faire descendre le Fa à Ré, quinte de l'accord Sol, Si, Ré. Les deux parties alors marchent par mouvement contraire d'une octave à une quinte, ce qui est toujours bon (voyez page 43). Pour la tierce du quatrième accord, Sol, Si, Ré, nous n'avons qu'à la placer dans la partie supérieure où se trouve Do (voyez l'exemple précédent).

LE FILS.

Pourquoi faites-vous descendre Do à Si au lieu de le faire monter à Ré?

LA MÈRE.

Do   Ré
C'est afin d'éviter les deux quintes, | quinte, | quinte, entre cette partie et la basse.
Fa   Sol

Pour compléter le quatrième accord, il faut doubler la fondamentale Sol dans la partie où se trouve La. Si au lieu de Sol, on mettait un Si à la suite de La, on doublerait la note sensible, ce qui est toujours mauvais, surtout à la fin d'une basse.

Il y a une note commune aux deux derniers accords.

LE FILS.

SOL, Si, Ré est le quatrième accord;

Do, Mi, SOL, le cinquième;

Sol est la note commune.

LA MÈRE.

Nous avons alors encore une tenue pendant les deux dernières mesures dans la partie où Sol se trouve déjà placé (voyez exemple précédent). Si, tierce du quatrième accord, doit, comme note sensible, aller à la tonique (voyez le même exemple).

Vous devez comprendre maintenant l'utilité de la règle qui nous défend de doubler la tierce d'un accord quand elle est note sensible.

LE FILS.

C'est que la note sensible devant être suivie de la tonique, si l'on doublait une de ces notes, on serait forcé de doubler l'autre, ce qui produirait deux octaves.

7

Précisément. Pour compléter notre réalisation, nous pouvons placer Mi, tierce du dernier accord, dans la partie où se trouve Ré, quinte de l'accord qui précède.

Ces trois exemples commencent par une note différente de l'accord. Est-ce que cela change beaucoup l'effet de la réalisation ?

La différence est certainement sensible, bien que les trois réalisations soient bonnes. Il vaut mieux, en général, commencer et terminer le soprano par la fondamentale doublée ou la tierce de l'accord, parce que les intervalles de tierce et d'octave qu'elles forment avec la fondamentale à la basse sont d'un meilleur effet que la quinte.

Laquelle de ces trois réalisations préférez-vous alors ?

La première, parce qu'elle est la plus correcte. Dans la seconde, les parties supérieures sont écrites trop haut, et, de plus, il y a une quinte cachée entre deux parties, soprano et ténor. Dans la troisième, les parties supérieures sont écrites trop bas; aussi deux parties, basse et ténor, commencent à l'unisson, ce qui prive l'harmonie d'une partie réelle.

En réalisant une basse, il ne faut jamais faire croiser les parties, c'est-à-dire faire descendre une partie quelconque plus bas que les parties écrites au-dessous, ni monter plus haut que les parties écrites au-dessus.

En voici deux exemples :

CROISEMENT DE DEUX PARTIES.

Dans le second accord du premier de ces exemples, la note La, au soprano, est une tierce au-dessous de la note Do, au contralto.

Dans le second accord du deuxième exemple, La, au ténor, est une tierce au-dessus de Fa, au contralto.

X

RENVERSEMENT DES ACCORDS.

LA MÈRE.

On peut modifier l'effet des accords en plaçant à la basse la tierce ou la quinte au lieu de la fondamentale.

Quand la tierce d'un accord est à la basse, cet accord se dit dans son Premier Renversement.

Quand la quinte est à la basse, l'accord est dans son Second Renversement.

Quand la fondamentale est à la basse, l'accord est Non Renversé.

LE FILS.

Mais si la fondamentale n'est pas à la basse, où faut-il la chercher ?

LA MÈRE.

Dans le premier renversement d'un accord de trois sons, la fondamentale est la sixième note au-dessus ou la troisième au-dessous de la basse.

Dans le second renversement, elle est la quatrième note au-dessus ou la cinquième au-dessous de la basse.

ACCORD PARFAIT DE DO.

Le premier renversement se chiffre par 6 et s'appelle Accord de Sixte, d'après l'intervalle de sixte, formé par la basse avec la fondamentale dans une des parties supérieures.

Le second renversement se chiffre par $\frac{6}{4}$, et s'appelle Accord de Sixte-Quarte, à cause des intervalles de sixte et de quarte que la basse forme avec la tierce et la fondamentale dans les parties supérieures.

LE FILS.

Ne m'avez-vous pas dit que tous les accords se forment des intervalles de tierce placés l'un au-dessus de l'autre ?

LA MÈRE.

Cela est vrai ; mais les accords de sixte et de sixte-quarte ne sont, en réalité, que des modifications d'un accord composé de deux intervalles de tierce. Les notes sont exactement les mêmes, seulement elles ne sont pas distribuées de la même manière dans les différentes parties.

LE FILS.

Il me semble très extraordinaire de placer la fondamentale d'un accord dans une partie plus haute que la basse. Sa place naturelle n'est-elle pas au-dessous de toutes les autres notes?

LA MÈRE.

Il ne faut pas confondre les mots Fondamentale et Basse. La fondamentale est la plus grave des notes d'un accord. La basse est la plus grave des parties dans lesquelles on distribue les notes des accords.

Le premier renversement des accords est très usité, et l'on peut placer un accord de sixte sur tous les degrés de la gamme. Les troisième, quatrième, sixième et septième notes de la gamme, majeure ou mineure, se chiffrent par 6 plus souvent que les autres degrés.

Le second renversement est moins usité que le premier, à cause de l'intervalle de quarte juste que forme la basse avec la fondamentale placée dans une des parties supérieures. La dureté de cet intervalle doit être atténuée au moyen de certaines précautions qui consistent à faire entendre, dans l'accord qui précède et dans l'accord qui suit immédiatement l'accord de sixte-quarte, l'une des deux notes qui forment l'intervalle de quarte juste. Cela s'appelle Préparation et Résolution de la quarte.

Quand l'une des notes qui forment la quarte juste est doublée, il n'est pas nécessaire de doubler la préparation ou la résolution.

Vous comprenez que, pour faire la préparation et la résolution d'une note, il faut avoir une note commune à trois accords, comme dans cet exemple.

Quand la basse ne fait ni la préparation ni la résolution de la quarte, elle doit marcher par degrés conjoints.

L'accord de sixte-quarte ne produit pas toujours un effet aussi bon que l'accord de sixte, parce que la quinte à la basse n'indique pas la nature de l'accord aussi distinctement que la tierce. Le second renversement des accords de tonique, de dominante et du quatrième degré sont les plus usités.

On ne peut placer à la suite l'un de l'autre deux accords de sixte-quarte, parce que ces accords n'ayant pas de note commune, la quarte du premier ne peut être résolue ni la quarte du second préparée.

Cette règle n'a d'exception que dans la gamme mineure, où le second renversement de l'accord de tonique peut être précédé du second renversement de l'accord diminué du septième degré. Mais, dans ce cas, la première des deux quartes est augmentée et la seconde juste, et l'effet est moins dur que lorsque les deux quartes sont justes. En voici un exemple :

EN LA MINEUR.

Le second renversement de l'accord de tonique peut toujours se passer de préparation, parce que la dominante se trouve à la basse, et l'effet en est plus doux que celui des autres accords de sixte-quarte.

SECOND RENVERSEMENT DE L'ACCORD DE TONIQUE, DO.

Dans ces deux basses réalisées vous trouverez des exemples des deux renversements dont nous venons de parler.

EN DO MAJEUR.

XI

ENCHAINEMENT DES ACCORDS. — CADENCES. — GAMME RÉALISÉE.

LA MÈRE.

Les accords s'enchaînent ou se succèdent d'après les intervalles que leurs fondamentales forment entre elles à la basse. Quand les fondamentales forment des intervalles de tierce, quarte, quinte ou sixte en descendant, ou de sixte, quinte, quarte ou tierce en montant, les accords sont dits s'enchaîner par tierce, quarte, quinte ou sixte inférieures, ou par sixte, quinte, quarte ou tierce supérieures.

ENCHAINEMENT DE DEUX ACCORDS.

Les meilleurs enchaînements sont ceux dans lesquels les accords qui se succèdent ont une ou deux notes communes, comme vous voyez dans l'enchaînement par tierce ou par sixte, par quarte ou par quinte dans cet exemple.

Quand les fondamentales se succèdent à la basse par intervalles de seconde ou de septième, les accords ne s'enchaînent pas aussi bien, parce qu'ils n'ont aucune note commune, ce qu fait la réalisation plus difficile, à cause des fautes de quintes et d'octaves qui semblent se pré senter naturellement.

Quintes réelles.   Octave cachée.

8

On peut éviter ces deux quintes en doublant la fondamentale du second accord, qui est alors complet :

Il est presque impossible de réaliser, correctement, l'enchaînement par septième. Si l'on veut éviter la faute d'octave cachée qui existe entre la basse et l'une des parties supérieures, on obtient deux quintes réelles par mouvement contraire, et de plus un unisson.

Cette manière d'éviter l'octave cachée est permise, parce que l'effet des deux quintes est presque effacé par l'unisson.

Les intervalles de seconde et de tierce sont préférables dans la basse aux intervalles de septième et de sixième, parce qu'ils sont plus courts, et, pour cette raison, plus faciles à chanter.

LE FILS.

Quand les accords ne sont pas renversés, il est facile de voir comment ils s'enchaînent, parce que leurs fondamentales sont à la basse; mais dans les renversements, quand les fondamentales ne sont plus à la basse, comment connaître l'enchaînement ?

LA MÈRE.

Dans ce cas, nous sommes obligés de nous représenter l'accord renversé comme remis à sa condition primitive en plaçant, mentalement, la fondamentale au-dessous de la basse, à distance de tierce ou de quinte, suivant la nature du renversement.

D'après cela, le premier et le second accord, dans le premier de ces exemples, s'enchaînent par seconde supérieure Do-Ré, bien que les notes à la basse forment un intervalle de quarte, Do-Fa.

Maintenant il faut compter la distance de Ré, fondamentale du second accord, à Sol, fondamentale du troisième. Quel intervalle trouvez-vous entre ces deux notes? [Voyez l'exemple précédent, n° 1.]

LE FILS.

Une quarte : Ré-Sol.

LA MÈRE.

Vous voyez donc que le second et le troisième accord s'enchaînent par quarte supérieure, bien que les notes à la basse forment un intervalle de seconde : Fa-Sol.

Dans l'autre exemple, le deuxième accord est dans son second renversement. Vous trouverez la fondamentale Sol une quinte au-dessous de Ré, par conséquent les deux accords s'enchaînent par quarte inférieure : Do-Sol, bien que les notes à la basse forment un intervalle de seconde supérieure : Do-Ré.

Mi, la troisième note à la basse, est tierce d'un accord parfait dans son premier renversement ; Do, tierce au-dessous de Mi, est alors la fondamentale, et les deux accords s'enchaînent par quarte supérieure : Sol-Do, bien que les notes à la basse soient Ré-Mi. [Voyez l'exemple précédent, n° 2.]

Il est difficile de réaliser une basse composée d'accords non renversés s'enchaînant par intervalles de seconde, parce que les accords n'ont pas alors de note commune, et les fautes de quintes et d'octaves se présentent plus naturellement, ainsi que nous l'avons déjà vu. [Voyez page 48.] Pour cette raison, il faut éviter, à la basse, de faire succéder plus de trois fondamentales par degrés conjoints.

LE FILS.

Mais si l'on trouve dans une basse plus de trois degrés conjoints à la suite l'un de l'autre, que faut-il faire : Do, Ré, Mi, Fa, Sol?

LA MÈRE.

Dans ce cas, au lieu de considérer chaque note comme fondamentale d'un accord, il faut en prendre quelques-unes comme tierce, et d'autres comme quinte de l'accord renversé : à peu près de cette manière :

BASSE MARCHANT PAR DEGRÉS CONJOINTS.

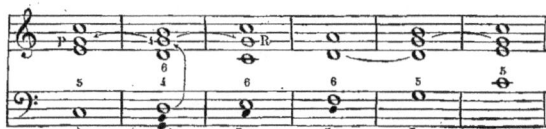

Quarte. Quarte. Seconde. Quarte.

Quand toutes les notes d'une basse marchent par degrés disjoints, on considère généralement chacune d'elles comme fondamentale.

BASSE MARCHANT PAR DEGRÉS DISJOINTS.

Quand on rencontre dans une basse la note sensible suivie de la tonique, il vaut mieux la considérer comme tierce de l'accord de dominante dans son premier renversement, que comme fondamentale de l'accord diminué du septième degré, parce que l'effet de l'accord de dominante est toujours plus complet.

Accord de dominante.   Accord diminué.
1er renversement.   Non renversé.

7e degré.
Gamme de Do.

Toutes basses, sans exception, doivent commencer par la tonique ou par la dominante, et finir par la tonique précédée de la dominante. Le premier accord, accord de tonique ou de dominante, et les deux derniers, accords de dominante et de tonique, ne doivent jamais être renversés. Voici deux basses réalisées, dont l'une commence par la tonique et l'autre par la dominante. Ces deux derniers accords non renversés, et placés de cette manière à la fin d'une phrase musicale, forment ce qui s'appelle Cadence Parfaite. Le mot Cadence vient du mot latin *cadere* (tomber), ce qui veut dire, discontinuer ou se reposer.

EN DO MAJEUR.

Cadence parfaite.

Tonique.   Dominante. Tonique.

EN DO MAJEUR.

Cadence parfaite.

Dominante.   Dominante. Tonique.

Il est rare qu'un morceau de musique aille du commencement à la fin d'un mouvement continu. Il est, au contraire, divisé le plus souvent en différentes portions appelées Phrases Musicales. Les phrases de quatre et de huit mesures sont les plus usitées, mais il y en a d'autres de deux, trois, cinq, six et sept mesures. Chaque phrase se termine par une espèce de repos appelé Cadence.

Il y a plusieurs espèces de Cadences :

1° Cadence Parfaite. — Repos sur l'accord de tonique non renversé, précédé de l'accord de dominante aussi non renversé, comme vous avez vu dans nos derniers exemples. Tout morceau de musique doit finir par une cadence parfaite.

2° Cadence Imparfaite. — Repos sur l'accord de tonique précédé de l'accord de dominante, l'un ou l'autre de ces deux accords renversé. Cette espèce de cadence se fait, le plus souvent, avec le second renversement de l'accord de dominante suivi de l'accord de tonique. En voici un exemple :

3° Demi-Cadence. — Repos sur l'accord de dominante.

4° Cadence Rompue. — Repos sur tout autre accord que l'accord de tonique précédé de l'accord de dominante non renversé. Dans cet exemple vous trouverez ces deux espèces de cadence :

5° Cadence Plagale. — Repos sur l'accord de tonique non renversé précédé de l'accord du quatrième degré. Le mot Plagale vient du mot grec *plagios* (oblique ou indirect), et exprime la nature de cette espèce de cadence comparée à la cadence parfaite.

Nous pouvons prendre, maintenant, pour basse une gamme majeure ou une gamme mineure et la réaliser en accords de trois sons. On peut considérer, le plus souvent, le second degré comme quinte de l'accord de dominante dans son second renversement.

SECOND DEGRÉ DE LA GAMME DE DO, RÉ.

Le troisième degré peut être pris, à la suite du second degré, comme tierce de l'accord de tonique dans son premier renversement.

TROISIÈME DEGRÉ, MI.

Le quatrième degré peut être considéré comme fondamentale d'un accord parfait non ren-versé, ou comme tierce de l'accord parfait du second degré dans son premier renversement.

QUATRIÈME DEGRÉ, FA.

Le cinquième degré peut être fondamentale de l'accord de dominante ou quinte de l'accord de tonique dans son second renversement.

CINQUIÈME DEGRÉ, SOL.

On peut placer sur le sixième degré un accord parfait non renversé, ou le premier renverse-ment de l'accord parfait du quatrième degré.

SIXIÈME DEGRÉ, LA.

Le septième degré, note sensible, est le plus souvent pris comme tierce de l'accord de dominante dans son premier renversement.

SEPTIÈME DEGRÉ, SI.

Alors la réalisation de la gamme se termine par une cadence imparfaite?

Précisément. — Voici trois gammes réalisées en accords de trois sons :

DO MAJEUR.

LA MINEUR.

SI ♭ MAJEUR AU SOPRANO.

XII

ACCORDS DISSONANTS. — ACCORD DIMINUÉ. — ACCORD DE SEPTIÈME DOMINANTE. — ACCORDS DE NEUVIÈME.

Les accords parfaits, majeurs ou mineurs, s'appellent Accords Consonnants, à cause des intervalles consonnants dont ils se composent (tierce, majeure et mineure, et quinte juste). Les autres accords renferment au moins un intervalle dissonant, comme nous allons voir, et s'appellent, pour cette raison, Accords Dissonants.

ACCORD DISSONANT DE TROIS SONS.

Un intervalle dissonant.

Tierce majeure.   Tierce mineure.
Si-Ré.   Ré-Fa.

Quinte diminuée : Si-Fa.

ACCORD DISSONANT DE QUATRE SONS.

Deux intervalles dissonants.

Tierce majeure.   Tierce mineure.   Tierce mineure.
Sol-Si.   Si-Ré.   Ré-Fa.

Septième mineure : Sol-Fa. — Quinte diminuée : Si-Fa.

ACCORD DISSONANT DE CINQ SONS.

Trois intervalles dissonants.

Tierce majeure.   Tierce mineure.   Tierce mineure.   Tierce majeure.
Sol-Si.   Si-Ré.   Ré-Fa.   Fa-La.

Neuvième majeure : Sol-La. — Septième mineure : Sol-Fa. — Quinte diminuée : Si-Fa.

9

Vous comprenez, d'après ce que nous avons dit des intervalles, que les accords consonnants sont toujours d'un effet complet et satisfaisant à l'oreille, et que les accords dissonants ne peuvent être entendus isolément, à cause de la dissonance qu'ils renferment. Ils sont ordinairement suivis d'un accord consonnant sur lequel la dissonance doit faire sa résolution.

LE FILS.

Comme fait la quarte dans le second renversement de l'accord parfait ?

LA MÈRE.

Exactement. — Mais bien que tous les accords dissonants demandent une résolution, il n'est pas nécessaire de donner à tous une préparation, comme à l'accord de sixte-quarte. Les accords dissonants qui n'ont pas besoin de préparation sont l'accord diminué, l'accord de septième dominante, et tous les accords qui, comme eux, ont pour fondamentale la note sensible ou la dominante des deux gammes.

L'accord diminué du septième degré des deux gammes fait sa résolution sur l'accord de tonique. Il se chiffre par 5. Le trait ajouté au chiffre indique l'intervalle de quinte diminuée.

Comme tous les accords de trois sons, l'accord diminué a deux renversements. 6 représente le premier, et $_{+4}^{\;6}$ le second. Le + qui précède le 4 exprime que l'intervalle de quarte est augmenté.

RÉSOLUTION DE L'ACCORD DIMINUÉ DU SEPTIÈME DEGRÉ.

EN DO MAJEUR.   EN LA MINEUR.

Non renversé.   1er renversement.   2e renversement.   Non renversé.   1er renversement.   2e renversement.

7e degré. Tonique.   7e degré. Tonique.

Vous voyez dans ces exemples que la fondamentale va sur la tonique en montant d'un demi-ton, et la quinte sur la tierce de l'accord de tonique en descendant d'un degré. La tierce n'a pas de résolution fixe.

Les accords dissonants demandent beaucoup de soin dans la réalisation, parce qu'on ne peut doubler les notes dont la résolution est fixe, à cause de la faute de deux octaves qui en résulterait. Cependant il est permis de doubler la quinte de l'accord diminué dans ses renversements|, pourvu que les deux parties où se trouve cette quinte marchent par mouvement contraire.

Non renversé.   1ᵉʳ renversement.   2ᵉ renversement.
Quinte doublée.   Quinte doublée.   Quinte doublée.
2 quintes.
Mauvais.   Bon.   Bon.

7ᵉ degré.   Tonique.

LE FILS.

L'accord diminué sur le second degré de la gamme mineure me paraît être composé des mêmes notes que l'accord diminué du septième degré de la gamme relative majeure ?

LA MÈRE.

Oui, mais cet accord diminué n'a pas de résolution fixe. On le considère même comme un accord ordinaire de trois sons. Il est suivi, le plus souvent, de l'accord de dominante non renversé, ou de l'accord de tonique dans son second renversement. La raison de cette différence entre les deux accords diminués vient de leur position dans les deux gammes. Le septième degré en majeur est suivi de la tonique, et la fondamentale, comme note sensible, semble appeler à sa suite la tonique. L'autre accord diminué se trouvant, au contraire, au commencement de la gamme mineure ne demande pas absolument le troisième degré, comme la note sensible demande la tonique.

ACCORD DIMINUÉ DU SECOND DEGRÉ EN MINEUR. — EN LA MINEUR.

Non renversé.   1ᵉʳ renversement.   2ᵉ renversement.

2ᵉ degré. 5ᵉ degré.

Non renversé.   1ᵉʳ renversement.   2ᵉ renversement.

2ᵉ degré.

En ajoutant un intervalle de tierce mineure à un accord de trois sons, on obtient un accord dissonant de Septième, dont le nom vient de l'intervalle de septième que la fondamentale forme avec la note la plus haute. Cette espèce d'accord se chiffre par 7. La septième doit toujours faire sa résolution en descendant d'un degré sur la tierce de l'accord qui le suit.

On peut placer un accord de septième sur chaque degré de la gamme majeure ou mineure, à l'exception du premier degré en mineur.

GAMME MAJEURE DE DO.   GAMME MINEURE DE LA.

LE FILS.

Pourquoi ne place-t-on pas un accord de septième sur le premier degré en mineur ?

LA MÈRE.

Parce qu'il y aurait entre la septième et la note sur laquelle elle doit faire sa résolution un intervalle de seconde augmentée, dont l'effet n'est pas toujours heureux.

Seconde augmentée.

1er degré.

De tous les accords de septième, le plus important est l'Accord de Septième Dominante. On l'obtient en ajoutant un intervalle de tierce mineure à l'accord parfait de dominante.

Accord parfait   Accord de septième dominante : Sol, Si, Ré, Fa.
de dominante.
                    Tierce majeure :   Tierce mineure :   Tierce mineure :
Sol-Si-Ré.   Sol-Si.   Si-Ré.   Ré-Fa.

5e degré.   Septième mineure : Sol-Fa.

Cet accord se chiffre par 7+. Il fait sa résolution, par quarte supérieure ou quinte inférieure, sur l'accord de tonique.

RÉSOLUTION DE L'ACCORD DE SEPTIÈME DOMINANTE. — EN DO MAJEUR.

La septième doit descendre d'un demi-ton sur la tierce de l'accord de tonique, et la tierce, note sensible, monter à la tonique. La quinte n'a pas de résolution fixe, mais elle doit être supprimée quand l'accord est réalisé à quatre parties, afin d'éviter les deux quintes qui se présenteraient (exemple n° 2). On la remplace en doublant la fondamentale, qui est alors tenue pendant la durée des deux accords (exemple n° 3).

L'accord de septième dominante a trois renversements. Ils sont représentés :

Le premier par $\frac{6}{5}$, d'après les intervalles de sixte majeure et de quinte diminuée formés par la basse avec la fondamentale et la septième : dans cet exemple, Si-Sol et Si-Fa.

Le second par 6, pour indiquer l'intervalle de sixte majeure entre la basse et la tierce, Ré-Si.

Le troisième (septième à la basse) par + 4, à cause de l'intervalle de quarte augmentée entre la basse et la tierce, Fa-Si.

RENVERSEMENTS DE L'ACCORD DE SEPTIÈME DOMINANTE.

Le troisième renversement de cet accord est très usité, à cause du bon effet de l'intervalle dissonant de seconde formé par la basse avec la fondamentale : Fa-Sol dans notre exemple.

LE FILS.

Est-ce que l'effet de l'intervalle dissonant de septième, Sol-Fa, n'est pas aussi bon ?

LA MÈRE.

Les notes sont les mêmes dans l'intervalle de Sol à Fa, il est vrai, mais la dissonance frappe l'oreille moins sensiblement que dans l'intervalle de Fa à Sol, parce que les deux sons se trouvent plus éloignés l'un de l'autre.

Quelquefois, contre la règle, la fondamentale de l'accord de septième dominante descend à la basse par un intervalle de tierce à la note suivante. Dans ce cas, la septième doit monter un degré au lieu de descendre, d'après la règle.

Si, dans une basse non chiffrée, on rencontre la dominante de la gamme descendant par tierce à la note qui suit, il vaut mieux considérer le cinquième degré comme fondamentale de l'accord parfait de dominante. L'accord suivant peut être alors l'accord parfait du troisième degré non renversé, ou l'accord de tonique dans son premier renversement. De cette manière :

On peut placer un accord, autre que l'accord de tonique, à la suite de l'accord de septième dominante, pourvu que la résolution ordinaire de la tierce et de la septième puisse se faire, ou que l'une de ces notes reste en place pendant les deux accords, comme dans ces exemples :

LE FILS.

J'ai remarqué que l'accord de septième dominante, à l'exception de sa fondamentale, se compose des mêmes notes que l'accord diminué du septième degré.

LA MÈRE.

Vous avez raison : et quand on trouve dans une basse non chiffrée des notes communes à ces deux accords, on peut les considérer comme appartenant à l'un ou à l'autre; mais l'accord de septième dominante est toujours préférable, parce que l'effet en est plus complet.

Vous trouverez des accords de Septième Dominante dans cette basse en Fa majeur.

En ajoutant un intervalle de tierce majeure ou de tierce mineure à l'accord de septième dominante, on forme deux accords de cinq sons, appelés Accord de Neuvième Majeure et Accord de Neuvième Mineure, suivant la nature de l'intervalle de neuvième formé par la fondamentale et la note la plus haute de l'accord. Ces accords, comme l'accord de septième dominante, font leur résolution sur l'accord de tonique. Ils se chiffrent par 9.

ACCORD DE NEUVIÈME MAJEURE, EN DO MAJEUR.   ACCORD DE NEUVIÈME MINEURE, EN LA MINEUR.

Dans la réalisation des accords de neuvième, la neuvième doit toujours être séparée de la fondamentale par un intervalle de neuvième, et jamais par un intervalle de seconde. Elle ne doit jamais dans les renversements se trouver au-dessous de la fondamentale.

POSITION DE LA NEUVIÈME PAR RAPPORT A LA FONDAMENTALE.

Dans l'accord de neuvième majeure la neuvième doit toujours se placer au-dessus de la tierce. Elle peut se trouver au-dessous, dans l'accord de neuvième mineure, parce qu'on obtient alors un intervalle de seconde augmentée, moins dur que les intervalles de seconde majeure et de seconde mineure des exemples précédents.

POSITION DE LA NEUVIÈME PAR RAPPORT A LA TIERCE.

Quelquefois la neuvième descend d'un degré avant sa résolution ; de cette manière :

Dans ce cas, l'accord de neuvième ne devient-il pas accord de septième dominante ?

LA MÈRE.

Cela est évident, puisqu'alors la neuvième descend sur la dominante, et que les autres notes sont communes aux accords de septième dominante et de neuvième.
Bien que la résolution ordinaire des accords de neuvième se fasse sur la tonique, on peut quelquefois les faire suivre d'un autre accord, pourvu que les notes qui ont une résolution fixe puissent se conformer à la règle ou rester en place.

RÉSOLUTION, PAR EXCEPTION, DES ACCORDS DE NEUVIÈME.

Les accords de neuvième n'ont que trois renversements. Le quatrième ne peut exister, parce que la neuvième à la basse se trouverait plus bas que la fondamentale.

Voici la manière de chiffrer les trois renversements : Le premier par $\frac{7}{6}$, en majeur et en mineur ; — le second par $\frac{6}{5}$, en majeur, et par $\frac{6}{5}$, en mineur ; — le troisième par $\frac{10}{+4}$, en majeur et en mineur.

RENVERSEMENTS DES ACCORDS DE NEUVIÈME.

LE FILS.

Puisque les accords de neuvième ne sont autre chose que l'accord de septième dominante, avec une note de plus, peut-on, dans une basse à réaliser, se servir des deux accords indistinctement ?,

LA MÈRE.

Cela se pourrait à la rigueur, mais on préfère le plus souvent l'accord de septième dominante, parce qu'il ne renferme qu'une dissonance, intervalle de septième, et que l'accord de neuvième en contient deux, intervalles de septième et de neuvième.

Les accords de neuvième sont plus usités non renversés que dans leurs renversements, parce que dans les renversements l'effet de la double dissonance est beaucoup plus sensible.

Voici deux petites basses qui contiennent des accords de neuvième.

EN DO MAJEUR.

EN LA MINEUR.

XIII

ACCORDS DE SEPTIÈME.

LA MÈRE.

Les accords de septième qui, comme l'accord de septième dominante, peuvent se passer de préparation, sont les accords de Septième de Sensible et de Septième Diminuée, qui s'obtiennent en ajoutant un intervalle de tierce aux accords du septième degré de la gamme majeure et de la gamme mineure.

ACCORD DE SEPTIÈME DE SENSIBLE. — EN DO MAJEUR.

ACCORD DE SEPTIÈME DIMINUÉE. — EN LA MINEUR.

L'accord de septième de sensible tire son nom de sa fondamentale, qui est la note sensible. Il se chiffre par $\frac{7}{5}$.

L'accord de septième diminuée prend son nom de l'intervalle de septième diminuée que forme la septième avec la fondamentale. Il se chiffre par 7.

Ces deux accords font leur résolution par seconde supérieure sur l'accord de tonique. La fondamentale monte d'un degré à la tonique, et la septième descend d'un degré. La tierce n'a pas de résolution fixe.

Résolution
de l'accord de 7e de sensible.

Résolution
de l'accord de 7e diminuée.

En Do majeur.

En La mineur.

7e degré.　　Tonique.　　　7e degré.　　Tonique.

L'accord de septième de sensible a deux renversements. Le premier se chiffre par $\frac{6}{5}$, ou par $\frac{6}{5}$, — le second par $\frac{+4}{3}$.

ACCORD DE SEPTIÈME DE SENSIBLE AVEC SES RENVERSEMENTS. — EN DO MAJEUR.

Non renversé.　1er renversement.　2e renversement.　1er renversement.　2e renversement.

Bon.　　　　Bon.　　　Mauvais.　　　Mauvais.

En réalisant ces renversements, il ne faut jamais placer la septième au-dessous de la fondamentale, ce qui produirait un intervalle dur de seconde ou de neuvième.

LE FILS.

Alors il n'y a pas de troisième renversement, parce que la septième à la basse serait au-dessous de la fondamentale.

LA MÈRE.

Vous en avez parfaitement compris la raison. — Le second renversement est plus usité que le premier.

Vous trouverez l'accord de septième de sensible dans cette basse en Fa majeur.

L'accord de septième diminuée a trois renversements qui se chiffrent : le premier par $\frac{6}{5}$, — le second par $\overset{+}{}\frac{4}{3}$, — le troisième par $+2$.

ACCORD DE SEPTIÈME DIMINUÉE AVEC SES RENVERSEMENTS. — EN LA MINEUR.

Dans le troisième renversement nous faisons monter la quinte d'un degré, Ré-Mi, au lieu de la faire descendre, Ré-Do. C'est afin d'éviter la succession de deux quartes qui résultent de la résolution ordinaire. (Exemples nos 4 et 5).

Vous trouverez l'accord de septième diminuée dans cette basse en Sol mineur.

Les accords de septième qui se placent sur les premier, second, troisième, quatrième et sixième degrés de la gamme majeure, et sur les second, quatrième et sixième degrés de la gamme mineure, ont besoin d'être préparés.

ACCORDS DE SEPTIÈME PRÉPARÉS ET RÉSOLUS. — EN DO MAJEUR.

EN LA MINEUR.

Ces accords font leur résolution par quarte supérieure ou quinte inférieure, c'est-à-dire que leur fondamentale placée à la basse doit monter d'une quarte, ou descendre d'une quinte sur l'accord suivant. Le septième doit descendre d'un degré comme dans l'accord de septième dominante. Les autres notes n'ont pas de résolution fixe.

LE FILS.

En comparant les accords de septième dans les gammes majeure et mineure, je trouve que les accords sur le second, le quatrième et le sixième degrés de la gamme mineure de La, sont exactement les mêmes que les accords de septième sur le second et le quatrième degré de la gamme majeure de Do.

LA MÈRE.

Les notes dont se composent ces accords sont, en effet, les mêmes, mais leur résolution diffère quelquefois. Ainsi l'accord de septième du quatrième degré, en mineur, fait sa résolution parfois sur l'accord diminué du septième degré (voyez l'exemple précédent en La, n° 2), au lieu de la faire, d'après la règle, par quarte supérieure ou quinte inférieure ; mais le plus souvent il est suivi de l'accord parfait de dominante.

RÉSOLUTION DE L'ACCORD DE SEPTIÈME DU QUATRIÈME DEGRÉ EN MINEUR.

En La mineur.

Tonique.   4° degré.   5° degré.

L'accord du second degré en majeur, qui se compose des mêmes notes, fait sa résolution, d'après la règle ordinaire, sur l'accord de dominante de sa gamme.

RÉSOLUTION DE L'ACCORD DE SEPTIÈME DU DEUXIÈME DEGRÉ EN MAJEUR.

En Do majeur.

Tonique.   2° degré.   5° degré.

LE FILS.

Vous avez supprimé une note dans l'accord de septième du second degré?

LA MÈRE.

J'ai supprimé le La, parce qu'il aurait produit deux quintes entre le contralto et la basse.

Contralto.

Sol   La
| 5ᵗᵉ | 5ᵗᵉ
Do   Ré

Basse.

Tous ces accords de septième ont trois renversements. Ils se chiffrent : le premier par $\frac{6}{5}$, — le second par $\frac{4}{3}$, — et le troisième par 2.

RENVERSEMENTS DES ACCORDS DE SEPTIÈME QUI SONT PRÉPARÉS.

EN DO MAJEUR.

EN LA MINEUR.

2ᵉ degré.

4ᵉ degré.

6ᵉ degré.

Les accords de septième sont peu usités, à l'exception de celui du second degré, en majeur et en mineur, qui précède très souvent la cadence parfaite à la fin d'une phrase. De cette manière :

ACCORD DE SEPTIÈME DU SECOND DEGRÉ.

EN DO MAJEUR.

2ᵉ degré.   5ᵉ degré. Tonique.

EN LA MINEUR.

2ᵉ degré.   5ᵉ degré. Tonique.

11

MANUEL D'HARMONIE.

Une succession d'accords de septième s'appelle :

MARCHE DE SEPTIÈMES.

Accords non renversés.

Quarte supér.	Quinte infér.	Quarte supér.	Quinte infér.	Quarte supér.	Quinte infér.	Quarte supér.

Premier renversement.

Deuxième renversement.

Troisième renversement.

Vous voyez que ces accords s'enchaînent par quarte supérieure et quinte inférieure alternativement.

XIV

ACCORDS ALTÉRÉS. — ACCORD DE SIXTE AUGMENTÉE.

On trouve quelquefois un dièse, un bémol ou un bécarre placé devant la quinte ou devant la tierce de quelques accords, ce qui, comme vous devez savoir, hausse ou baisse cette note d'un demi-ton. Les accords, ainsi modifiés, s'appellent Accords Altérés. Un accord altéré doit toujours être précédé d'un même accord sans altération, afin d'atténuer la dureté de la dissonance produite par la note altérée. Cette note suit toujours, dans la même partie, la même note sans altération.

La note altérée en montant doit monter d'un degré sur l'accord suivant. La note altérée en descendant doit descendre d'un degré. Il ne faut jamais doubler la note à altérer, parce que cette note ayant une résolution fixe, on obtiendrait deux octaves entre deux parties.

On peut altérer en montant la quinte des accords parfaits majeurs du premier, du quatrième, et du cinquième degré de la gamme majeure. Vous devez vous rappeler que l'accord du quatrième degré en majeur se compose des mêmes notes que l'accord du sixième degré de la gamme mineure relative. Vous savez aussi que l'accord du cinquième degré est toujours majeur dans l'une ou l'autre gamme. Ces accords ainsi altérés prennent le nom d'Accords de Quinte Augmentée.

ACCORDS DE QUINTE AUGMENTÉE. — EN DO MAJEUR.

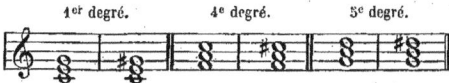

Les accords de quinte augmentée du premier et du cinquième degrés en majeur font leur résolution sur un accord parfait par quarte supérieure ou par quinte inférieure. L'accord de quinte augmentée du quatrième degré en majeur ou du sixième degré en mineur fait sa résolution par tierce inférieure, aussi sur un accord parfait. Voici la réalisation des accords de quinte augmentée avec leurs renversements.

EN DO MAJEUR.

1er degré.

4e degré en majeur. — 6e degré en mineur.

5e degré en majeur et en mineur.

On peut altérer en descendant la quinte de l'accord parfait du premier degré en majeur, et du cinquième degré en majeur ou en mineur, qui s'appellent alors, Accords de Quinte Diminuée. Ces accords font leur résolution sur un accord parfait par quarte supérieure ou par quinte inférieure. Dans la réalisation, il faut toujours placer la tierce au-dessus de la quinte altérée, afin d'éviter l'intervalle de tierce diminuée qui peut se présenter entre ces deux notes, et dont l'effet est mauvais. On obtient ainsi un intervalle de sixte augmentée, dont l'effet est meilleur.

LE FILS.

Mais dans le premier renversement la tierce doit être à la basse. Où faut-il alors placer la quinte ?

LA MÈRE.

On ne pourrait la placer qu'au-dessus de la tierce, et l'on obtiendrait inévitablement l'intervalle de tierce diminuée. Pour cette raison, le premier renversement de ces accords n'est pas usité. Voici la réalisation des accords de quinte diminuée et de leurs renversements.

EN DO MAJEUR.

1er degré.

5e degré en majeur et en mineur.

On peut aussi altérer en montant et en descendant la quinte des accords de septième dominante et de neuvième.

Les renversements de ces accords, dans lesquels l'intervalle de tierce diminuée est inévitable, sont inusités.

ACCORD DE SEPTIÈME DOMINANTE ALTÉRÉ. — EN DO MAJEUR.

Altéré en montant.

Altéré en descendant.

Les accords de neuvième altérés sont toujours réalisés à cinq parties, parce que la quinte ne peut être supprimée à cause de sa résolution fixe.

ACCORD DE NEUVIÈME MAJEURE ALTÉRÉ. — EN DO MAJEUR.

ACCORD DE NEUVIÈME MINEURE ALTÉRÉ. — EN LA MINEUR.

Les accords de neuvième sont rarement altérés en descendant, à cause des deux quintes qui sont inévitables entre la neuvième et la note altérée : comme vous voyez dans les exemples précédents.

L'accord de neuvième mineure altéré en montant ne peut faire sa résolution que sur l'accord majeur de tonique, la note altérée devant monter d'un degré. (Voyez l'exemple précédent, n° 5.)

On peut altérer en montant et en descendant la tierce des accords qui ont pour fondamentale la note sensible.

LE FILS.

Ces accords ne sont-ils pas : l'Accord diminué, l'Accord de septième de sensible, et l'Accord de septième diminuée ?

LA MÈRE.

Certainement. — Le premier renversement de ces accords altérés en montant est inusité, à cause de l'intervalle de tierce diminuée qui est inévitable entre la basse et une des parties supérieures. Pour la même raison les renversements seuls sont usités quand l'altération se fait en descendant.

L'accord diminué altéré en montant ne peut être réalisé qu'à trois parties, parce que toutes les notes ont une résolution fixe.

ACCORD DIMINUÉ ALTÉRÉ. — EN DO MAJEUR.

ACCORD DE SEPTIÈME DE SENSIBLE ALTÉRÉ. — EN DO MAJEUR.

ACCORD DE SEPTIÈME DIMINUÉE ALTÉRÉ. — EN LA MINEUR.

LE FILS.

Je remarque que l'accord de septième diminuée altéré en montant est suivi de l'accord de tonique de la gamme majeure, au lieu de l'accord de tonique de la gamme mineure?

LA MÈRE.

C'est que cet accord ne peut faire sa résolution que de cette manière, parce que la tierce altérée en montant doit monter d'un degré. Quand la tierce est altérée en descendant l'accord peut faire sa résolution sur l'accord de tonique de la gamme mineure.

Les successions de quintes qui se présentent souvent entre la basse et l'une des parties supérieures dans la réalisation de tous ces accords altérés en descendant, ne sont pas considérées comme fautes, parce qu'on ne peut les éviter. (Voyez les exemples précédents.)

Les accords altérés en descendant qui ont pour fondamentale la dominante ou la note sensible sont usités, surtout dans celui de leurs renversements où la note altérée se trouve à la basse. Vous savez quel est ce renversement?

LE FILS.

Cela doit être le second renversement pour les accords qui ont la dominante pour fondamentale, et le premier pour ceux dont la fondamentale est la note sensible.

Accord de dominante.   Accord diminué.
2e renversement.   1er renversement.

LA MÈRE.

C'est cela même. Ces renversements sont tellement usités, qu'on leur a donné un nom particulier. On les appelle Accords de Sixte Augmentée, à cause de l'intervalle de sixte augmentée que forme la basse avec l'une des parties supérieures $\begin{smallmatrix}\text{SI}\\|\\\text{RÉ }\flat\end{smallmatrix}$ dans l'exemple que vous venez d'écrire. Les accords de sixte augmentée se chiffrent par + 6. Ils font leur résolution sur un accord parfait non renversé.

ACCORD DE SIXTE AUGMENTÉE.

Accord   Accord diminué.   Accord
de 7e dominante.   de 7e diminuée.
2e renversement. 1er renversement. 1er renversement.

Contrairement à la règle générale, il n'est pas nécessaire de faire précéder ces accords altérés des mêmes accords sans altération.

Dans l'accord de sixte augmentée (premier renversement de l'accord de septième diminuée), il se présente deux quintes entre la basse et l'une des parties supérieures. (Voyez l'exemple précédent, n° 3.) Bien que ces quintes soient permises, on les évite souvent, en transformant, avant la résolution, le premier renversement de l'accord de septième diminuée en second renversement de l'accord de septième dominante, de cette manière :

Accord
de 7e dominante.
2e renversement.

Accord
de 7e diminuée.
1er renversement.

LE FILS.

Est-ce qu'en haussant d'un demi-ton la note la plus haute d'un accord de sixte, premier renversement d'un accord parfait, on obtiendrait un accord de sixte augmentée ?

LA MÈRE.

Oui, si l'accord de sixte est le premier renversement de l'accord parfait mineur ; mais si l'accord de sixte est le premier renversement d'un accord parfait majeur, on obtient un accord diminué dans son second renversement.

Accord parfait mineur.
1er renversement.
Non renversé.   Sixte majeure.
Do-La.

Accord
de
Sixte augmentée.
Do-La♯.

Accord parfait majeur.
1er renversement.
Non renversé.   Sixte mineure.
Mi-Do.

Accord diminué.
1er renversement.
Sixte majeure.
Mi-Do♯.

Tous nos exemples, jusqu'ici, ne renferment que des notes essentielles à la formation des accords, et qui, pour cette raison, s'appellent Notes Réelles. Mais afin de donner plus de variété et de mouvement aux parties qui exécutent l'harmonie, on peut introduire d'autres notes étrangères aux accords, et qui s'appellent Notes Accidentelles.

Il n'y a pas de règles fixes pour l'emploi des notes accidentelles, cependant je vous donnerai bientôt des indications générales sur leur usage.

12

D'ailleurs nos exemples sont écrits chacun dans une seule gamme, et pourtant il est rare que, dans un morceau de musique un peu développé, tous les accords appartiennent à une même gamme. Il faut donc apprendre à enchaîner des accords appartenant à des gammes différentes, de manière à passer d'une gamme dans une autre. Cette transition s'appelle Modulation. C'est un sujet plein d'intérêt et sur lequel nous aurons beaucoup à causer. En attendant, je vous ait fait un résumé de nos leçons, à l'aide duquel vous pourrez vous perfectionner dans la formation et dans l'enchaînement des accords, et vous préparer ainsi à aborder une étude plus difficile.

RÉSUMÉ

I. — Page 1.

GAMME OU OCTAVE. — Succession de huit sons qui montent et descendent d'après certaines règles, et dont le huitième n'est que la répétition du premier.

DEGRÉ. — Place occupée par chacun des sons de la gamme.

DO, RÉ, MI, FA, SOL, LA, SI. — Noms des sept sons différents qui composent une gamme.

PORTÉE. — Cinq lignes horizontales sur lesquelles et entre lesquelles se placent les notes qui expriment les sons.

BARRE. — Ligne verticale qui sépare la portée en portions d'égale durée.

MESURE. — Portion de la portée comprise entre deux barres.

RONDE. — Note qui exprime la plus longue durée d'un son.

BLANCHE. — Valeur de la moitié d'une ronde.

NOIRE. — Valeur du quart d'une ronde.

CROCHE. — Valeur du huitième d'une ronde.

DOUBLE CROCHE. — Valeur du seizième d'une ronde.

TRIPLE CROCHE. — Valeur du trente-deuxième d'une ronde.

MÉLODIE. — Succession de différents sons, divisée en mesures égales.

LE POINT. — Signe qui, placé à la suite d'une note, prolonge sa durée de moitié.

MESURES SIMPLES. —   Mesure à   2 temps. = 2 noires ou leur valeur dans chaque mesure.
                       Mesure à   3 temps. = 3 noires ou leur valeur dans chaque mesure.
                       Mesure à   4 temps. = 4 noires ou leur valeur dans chaque mesure.

MESURES COMPOSÉES. —   Mesure à 6-8 temps. = 6 noires ou leur valeur dans chaque mesure.
                       Mesure à 9-8 temps. = 9 noires ou leur valeur dans chaque mesure.
                       Mesure à 12-8 temps. = 12 noires ou leur valeur dans chaque mesure.

MESURE A 3-8 TEMPS. = 3 croches ou leur valeur dans chaque mesure.

SILENCES. — Signes qui remplacent des notes sur la portée.

PAUSE. — Silence qui remplace la ronde.

DEMI-PAUSE. — Silence qui remplace la blanche.

SOUPIR. — Silence qui remplace la noire.

DEMI-SOUPIR. — Silence qui remplace la croche.

QUART DE SOUPIR. — Silence qui remplace la double croche.

TEMPS FORTS. — Le 1er et le 3e temps dans une mesure.

TEMPS FAIBLES. — Le 2e et le 4e temps dans une mesure.

II. — Page 8.

CLEF. — Signe placé sur une des lignes de la portée pour indiquer les noms des notes.

TONIQUE. — Première note d'une gamme.

DOMINANTE. — Cinquième note d'une gamme.

NOTE SENSIBLE. — Septième note d'une gamme.

DEGRÉS CONJOINTS. — Degrés se succédant dans leur ordre naturel.

DEGRÉS DISJOINTS. — Degrés séparés par d'autres degrés.

INTERVALLE. — Distance entre deux sons différents.

INTERVALLE DE SECONDE. — Distance entre deux degrés conjoints.

INTERVALLE DE TIERCE. — Distance entre deux degrés séparés par 1 degré.

INTERVALLE DE QUARTE. — Distance entre deux degrés séparés par 2 degrés.

INTERVALLE DE QUINTE. — Distance entre deux degrés séparés par 3 degrés.

INTERVALLE DE SIXTE. — Distance entre deux degrés séparés par 4 degrés.

INTERVALLE DE SEPTIÈME. — Distance entre deux degrés séparés par 5 degrés.

INTERVALLE D'OCTAVE. — Distance entre deux degrés séparés par 6 degrés.

UNISSON. — Même son exécuté par deux ou plusieurs instruments.

III. — Page 13.

DEMI-TON. — La plus petite différence entre deux sons.

TON. — Se compose de deux demi-tons conjoints. Le mot ton s'emploie aussi quelquefois au lieu de gamme.

ACCIDENTS. — Signes qui expriment l'altération d'une note.

DIÈSE. — Placé devant une note, la hausse d'un demi-ton.

BÉMOL. — Placé devant une note, la baisse d'un demi-ton.

BÉCARRE. — Signe qui remet dans son état naturel une note déjà altérée.

NOTES ENHARMONIQUES. — Notes qui représentent à peu près le même son et ne diffèrent sensiblement que par la manière de s'écrire.

INTERVALLE MAJEUR. — S'augmente quand on l'allonge d'un demi-ton, et devient mineur quand on en ôte un demi-ton.

INTERVALLE MINEUR. — Devient diminué quand on en ôte un demi-ton, et majeur quand on l'allonge d'un demi-ton.

INTERVALLE PARFAIT OU JUSTE. — Peut être augmenté ou diminué ; jamais ni majeur ni mineur.

Les intervalles de seconde, tierce, sixte et septième peuvent être majeurs, augmentés, mineurs et diminués. Les intervalles de quarte, quinte et d'octave, ne peuvent être que justes, augmentés et diminués.

TABLEAU DES INTERVALLES, A PARTIR DE DO, PAR RAPPORT AUX DEMI-TONS.

SECONDE.

Majeure	2	demi-tons . . .	Do-Ré.
Augmentée.	3	—	Do-Ré #.
Mineure	1	—	Do-Ré ♭.
Diminuée	Enharmonique. . .		Do-Ré ♭♭.

TIERCE.

Majeure	4	demi-tons. . . .	Do-Mi.
Augmentée.	5	—	Do-Mi #.
Mineure	3	—	Do-mi ♭.
Diminuée.	2	—	Do-mi ♭♭.

QUARTE.

Juste.	5	—	Do-Fa.
Augmentée.	6	—	Do-Fa #.
Diminuée.	4	—	Do-Fa ♭.

QUINTE.

Juste.	7	—	Do-Sol.
Augmentée.	8	—	Do-Sol #.
Diminuée.	6	—	Do-Sol ♭.

SIXTE.

Majeure	9	—	Do-La.
Augmentée.	10	—	Do-La #.
Mineure	8	—	Do-La ♭.
Diminuée.	7	—	Do-La ♭♭.

SEPTIÈME.

Majeure	11	—	Do-Si.
Augmentée.	12	—	Do-Si #.
Mineure	10	—	Do-Si ♭.
Diminuée.	9	—	Do-Si ♭♭.

OCTAVE.

Juste.	12	—	Do-Do.
Augmentée.	13	—	Do-Do #.
Diminuée.	11	—	Do-Do ♭.

IV. — Page 18.

RENVERSEMENT D'UN INTERVALLE. — Changement de sa nature, produit en plaçant la note inférieure une octave plus haut au-dessus de la note supérieure qui reste en place.

INTERVALLES CONSONNANTS OU CONSONNANCES. — Intervalles dont l'effet, entendu isolément, satisfait l'oreille. Il y en a six :

1° Tierce majeure
et son renversement 2° Sixte mineure ;
3° Tierce mineure
et son renversement 4° Sixte majeure ;
5° Quinte juste ;
6° Octave juste.

INTERVALLES DISSONANTS OU DISSONANCES. — Intervalles dont l'effet, entendu isolément, n'est pas tout à fait complet. Il y en a quatre :

1° Seconde majeure
et son renversement 2° Septième mineure ;
3° Seconde mineure
et son renversement 4° Septième majeure.

CONSONNANCES PARFAITES. — Elles ne peuvent être altérées sans devenir dissonances. Les intervalles de quinte et d'octave sont consonnances parfaites.

CONSONNANCES IMPARFAITES. — Elles peuvent, au moyen d'une altération, devenir de majeure mineure, et de mineure majeure, sans cesser d'être consonnances. Les intervalles de tierce et de sixte sont consonnances imparfaites.

V. — Page 22.

Pour former une gamme quelconque, autre que celle de Do, il faut altérer certaines notes par des dièses ou par des bémols placés à la clef, afin que les tons et les demi-tons se succèdent de la même manière. Il doit y avoir dans une gamme majeure, entre :

Le 1er et 2e degré, un intervalle de seconde majeure, 1 ton.
2e et 3e — — — majeure, 1 ton.
3e et 4e — — — mineure, 1/2 ton.
4e et 5e — — — majeure, 1 ton.
5e et 6e — — — majeure, 1 ton.
6e et 7e — — — majeure, 1 ton.
7e et 8e — — — mineure, 1/2 ton.

Dans la gamme de Do il n'y a aucune note altérée.
— Sol il y en a 1, Fa ♯.
— Ré — 2, Fa ♯, Do ♯.
— La — 3, Fa ♯, Do ♯, Sol ♯.
— Mi — 4, Fa ♯, Do ♯, Sol ♯, Ré ♯.
— Si — 5, Fa ♯, Do ♯, Sol ♯, Ré ♯, La ♯.
— Fa ♯ — 6, Fa ♯, Do ♯, Sol ♯, Ré ♯, La ♯, Mi ♯.

Les dièses se trouvent de quinte à quinte en montant, à partir de Fa ♯, qui s'appelle premier dièse.
La tonique d'une gamme qui contient des dièses est toujours un degré au-dessus du dernier dièse.

Dans la gamme de Fa il y a 1 note altérée, Si ♭.
— Si ♭ — 2 — Si ♭, Mi ♭.
— Mi ♭ — 3 — Si ♭, Mi ♭, La ♭.
— La ♭ — 4 — Si ♭, Mi ♭, La ♭, Ré ♭.
— Ré ♭ — 5 — Si ♭, Mi ♭, La ♭, Ré ♭, Sol ♭.
— Sol ♭ — 6 — Si ♭, Mi ♭, La ♭, Ré ♭, Sol ♭, Do ♭.

Les bémols se trouvent de quinte à quinte en descendant, à partir de Si ♭, qui s'appelle premier bémol.
La tonique d'une gamme qui contient des bémols est toujours le quatrième degré au-dessous du dernier bémol.

GAMME DIATONIQUE. — Gamme qui ne renferme d'autres accidents que ceux qui se trouvent à la clef.

GAMME CHROMATIQUE. — Succession de notes par demi-tons, comprenant une octave.

VI. — Page 30.

GAMME MAJEURE. — Gamme dont les intervalles de tierce et de sixte sont majeurs.

GAMME MINEURE. — Gamme dont les intervalles de tierce et de sixte sont mineurs.

Deux gammes sont relatives, l'une majeure et l'autre mineure, qui s'indiquent de la même manière à la clef.

La tonique d'une gamme mineure est la troisième note au-dessous ou la sixième au-dessus de la tonique de la gamme majeure relative.

DERNIÈRE NOTE A LA BASSE. — Elle est toujours tonique et indique la gamme où l'on est.

ACCORD. — Combinaison de trois, quatre ou cinq sons séparés l'un de l'autre par un intervalle de tierce.

FONDAMENTALE. — Note la plus basse d'un accord.

TIERCE DE L'ACCORD. — Seconde note d'un accord, c'est-à-dire la première note au-dessus de la fondamentale.

QUINTE DE L'ACCORD. — Troisième note.

SEPTIÈME DE L'ACCORD. — Quatrième note.

NEUVIÈME DE L'ACCORD. — Cinquième note.

VII. — Page 35.

ACCORD DE TONIQUE. — A pour forme fondamentale la première note d'une gamme.

ACCORD DE DOMINANTE. — A pour fondamentale la cinquième note d'une gamme.

ACCORD PARFAIT. — La fondamentale forme avec la note la plus haute un intervalle de quinte juste ou parfaite.

ACCORD DIMINUÉ. — La fondamentale forme avec la note la plus haute un intervalle de quinte diminuée.

ACCORD PARFAIT MAJEUR. — La fondamentale forme avec la seconde note un intervalle de tierce majeure.

ACCORD PARFAIT MINEUR. — La fondamentale forme avec la seconde note un intervalle de tierce mineure.
En plaçant un accord de trois sons sur chaque degré de la gamme on trouve :
En majeur, 3 accords parfaits majeurs : 1er, 4e et 5e degrés; 3 accords parfaits mineurs : 2e, 3e et 6e degrés; 1 accord diminué sur le 7e degré.
En mineur, 2 accords parfaits mineurs : 1er et 4e degrés; 2 accords parfaits majeurs : 5e et 6e degrés; 2 accords diminués sur les 2e et 7e degrés; 1 accord de quinte augmentée 3e degré.

PARTIE. — Succession de notes assignées à chaque voix ou instrument.

SOPRANO. — Partie la plus haute; voix la plus aiguë des femmes.

CONTRALTO. — Voix la plus grave des femmes.

TÉNOR. — Voix la plus aiguë des hommes.

BASSE. — Voix la plus grave des hommes.
Il faut donner à chaque partie tantôt la tierce, tantôt la quinte et tantôt la fondamentale.
La distance entre les notes dans chaque partie doit être la plus courte possible, pour qu'elle soit facile à chanter.

PREMIÈRE POSITION D'UN ACCORD. — Fondamentale au soprano.

SECONDE POSITION D'UN ACCORD. — Tierce au soprano.

TROISIÈME POSITION D'UN ACCORD. — Quinte au soprano.

ACCORD BRISÉ. — Accord dont toutes les notes se succèdent dans une des parties.

ACCORD PLAQUÉ. — Accord dont toutes les notes sont placées l'une au-dessus de l'autre.

VIII. — Page 40.

RÉALISER UNE BASSE. — Compléter dans les parties supérieures les accords indiqués par les notes à la basse.

CHIFFRER UNE BASSE. — Placer au-dessus des notes certains chiffres pour exprimer les intervalles que les parties supérieures doivent former avec la basse.

BASSE RÉALISÉE A TROIS PARTIES. — On peut supprimer une note de quelques-uns des accords afin d'éviter des fautes.

BASSE RÉALISÉE A QUATRE PARTIES. — Dans les accords de trois sons il faut doubler une note de chaque accord; on double la tierce plus rarement que la fondamentale et la quinte.

MOUVEMENT CONTRAIRE. — Une partie monte pendant que l'autre descend.

MOUVEMENT OBLIQUE. — Une partie monte ou descend pendant que l'autre reste en place.

MOUVEMENT SEMBLABLE. — Les parties montent et descendent en même temps.

RÈGLES A OBSERVER POUR LA BONNE RÉALISATION D'UNE BASSE.

1. L'intervalle de tierce ou de sixte dans deux parties peut être précédé d'un autre intervalle quelconque.

2. Une suite de tierces ou de sixtes est toujours exempte de fautes.

3. Pour arriver sur un intervalle de quinte ou d'octave, le mouvement contraire ou le mouvement oblique est meilleur que le mouvement semblable.

4. Deux intervalles de quinte juste, ou d'octave juste, ne doivent jamais se succéder.

5. Le mouvement semblable n'est bon que lorsque la partie supérieure marche par degrés conjoints, et la partie inférieure par degrés disjoints.

QUINTES RÉELLES, OCTAVES RÉELLES. — Deux de ces intervalles qui se succèdent par mouvement semblable ou contraire.

QUINTE CACHÉE, OCTAVE CACHÉE. — Se dit quand une des notes qui forment ces intervalles n'existe pas en réalité, mais se trouve en ajoutant les notes nécessaires pour que les deux parties marchent par degrés conjoints.

Deux quintes réelles sont tolérées quand la deuxième est une quinte diminuée.

IX. — Page 46.

TENUE. — Note commune à deux ou plusieurs accords, prolongée dans une même partie pendant deux ou plusieurs mesures.

CROISEMENT DE DEUX PARTIES. — Quand une partie descend plus bas que les parties écrites au-dessous, ou monte plus haut que les parties écrites au-dessus d'elle.

X. — Page 52.

PREMIER RENVERSEMENT D'UN ACCORD. — Tierce à la basse.

SECOND RENVERSEMENT D'UN ACCORD. — Quinte à la basse.

ACCORD NON RENVERSÉ. — Fondamentale à la basse.

BASSE. — La plus grave des parties qui exécutent les notes des accords.

FONDAMENTALE. — La plus grave des notes d'un accord.

ACCORD DE SIXTE. — Accord de trois sons dans son premier renversement. Il est très usité et peut se placer sur tous les degrés de la gamme majeure ou mineure, mais il se trouve sur le troisième, quatrième, sixième et septième, plus souvent que sur les autres degrés. Il se chiffre par 6.

ACCORD DE SIXTE-QUARTE. — Accord de trois sons dans son second renversement. Il est moins usité que le premier renversement, parce que l'intervalle de quarte juste, que forme la basse avec la fondamentale dans une des parties supérieures, a besoin d'être préparée et résolue à cause de sa dureté, ce qui n'est pas toujours commode. Il se place le plus souvent sur le premier, cinquième et quatrième degré d'une gamme. Il se chiffre par $\frac{6}{4}$.

13

PRÉPARATION ET RÉSOLUTION D'UNE NOTE. — Cette opération consiste à la faire entendre à la même partie dans l'accord qui précède et dans l'accord qui suit immédiatement, c'est-à-dire que la note à préparer et résoudre doit être commune à trois accords.

Si l'une des notes qui forment l'intervalle de quarte juste est doublée, il n'est pas nécessaire de doubler la préparation ou la résolution.

Quand la basse ne fait ni la préparation ni la résolution de la quarte, elle doit marcher par degrés conjoints.

Deux intervalles de quarte juste ne doivent jamais se succéder.

Le second renversement de l'accord de tonique peut se passer de préparation, parce que la dominante se trouve à la basse.

XI. — Page 57.

RÈGLES POUR L'ENCHAÎNEMENT DES ACCORDS.

Les accords s'enchaînent ou se succèdent d'après les intervalles formés par leurs fondamentales entre elles à la basse, en montant ou en descendant.

Dans les meilleurs enchaînements les accords ont une ou deux notes communes. Cela arrive quand les fondamentales à la basse forment des intervalles de sixte ou tierce, de quinte ou quarte.

L'enchaînement par intervalles de seconde ou de septième n'est pas si bon, parce que les accords dans ce cas n'ont pas de note commune.

Quand la basse marche par Degrés Conjoints il faut considérer quelques-unes des notes comme tierce, et d'autres comme quintes des accords renversés, et d'autres encore comme fondamentales des accords non renversés.

Quand la basse marche par Degrés Disjoints on peut considérer chaque note comme fondamentale.

Quand la note sensible est à la basse et suivie de la tonique, il vaut mieux la considérer comme tierce de l'accord de dominante dans son premier renversement, que comme fondamentale de l'accord diminué du septième degré.

Dans le premier renversement d'un accord, la place de la fondamentale est une tierce, et dans le second renversement une quarte au-dessous de la note à la basse.

Toutes basses, sans exception, doivent commencer par la tonique ou par la dominante, et finir par la tonique précédée de la dominante.

CADENCE PARFAITE. — Repos sur l'accord de tonique non renversé précédé de l'accord de dominante non renversé.

CADENCE IMPARFAITE. — Repos sur l'accord de tonique précédé de l'accord de dominante, l'un ou l'autre de ces deux accords renversés.

DEMI-CADENCE. — Repos sur l'accord de dominante.

CADENCE ROMPUE. — Repos sur tout autre accord que l'accord de tonique précédé de l'accord de dominante non renversé.

CADENCE PLAQUÉE. — Repos sur l'accord de tonique précédé de l'accord du quatrième degré.

RÈGLES POUR ACCOMPAGNER LA GAMME.

SECOND DEGRÉ DE LA GAMME MAJEURE OU MINEURE. — Peut être considéré comme fondamentale ou, plus souvent, comme quinte de l'accord de dominante dans son second renversement.

TROISIÈME DEGRÉ. — A la suite du second degré peut être tierce de l'accord de tonique dans son premier renversement.

QUATRIÈME DEGRÉ. — Fondamentale d'un accord non renversé, ou tierce de l'accord du second degré dans son premier renversement.

CINQUIÈME DEGRÉ. — Fondamentale de l'accord de dominante non renversé, ou quinte de l'accord de tonique dans son second renversement.

SIXIÈME DEGRÉ. — Fondamentale d'un accord non renversé, ou tierce de l'accord du quatrième degré dans son premier renversement.

SEPTIÈME DEGRÉ. — Le plus souvent, tierce de l'accord de dominante dans son premier renversement.

XII. — Page 65.

ACCORD CONSONNANT. — Se compose des intervalles consonnants, tierce majeure et mineure, et quinte juste.

ACCORD DISSONANT. — Renferme un, deux ou trois intervalles dissonants.

Les accords dissonants sont suivis, ordinairement, d'un accord consonnant, sur lequel la dissonance fait sa résolution.

Les accords dissonants qui n'ont pas besoin de préparation sont : l'accord diminué du septième degré, l'accord de septième dominante, les accords de neuvième majeure et mineure, l'accord de septième de sensible et l'accord de septième diminuée.

L'accord diminué du septième degré en majeur et en mineur fait sa résolution sur l'accord de tonique. La fondamentale s'élève sur la tonique en montant d'un demi-ton, et la quinte descend d'un degré. La tierce n'a pas de résolution fixe. Il se chiffre par 5.

Dans la réalisation d'un accord dissonant, il ne faut jamais doubler les notes qui ont une résolution fixe.

L'accord diminué du second degré en mineur n'a pas de résolution fixe.

ACCORD DISSONANT DE SEPTIÈME. — S'obtient en ajoutant un intervalle de tierce mineure aux accords de trois sons sur tous les degrés de la gamme majeure ou mineure, à l'exception du premier degré en mineur. Il se chiffre par 7. La septième fait sa résolution en descendant d'un degré.

ACCORD DE SEPTIÈME DOMINANTE. — Le plus important de tous les accords de septième ; il se place sur le cinquième degré de la gamme majeure ou mineure ; il se chiffre par 7 +. Il fait sa résolution, par quarte supérieure ou quinte inférieure, sur l'accord de tonique. La septième descend et la tierce monte d'un degré. La quinte n'a pas de résolution fixe. Il a quatre renversements.

L'accord de septième dominante, à l'exception de sa fondamentale, se compose des mêmes notes que l'accord diminué du septième degré.

ACCORD DE NEUVIÈME MAJEURE, ACCORD DE NEUVIÈME MINEURE. — S'obtiennent en ajoutant un intervalle de tierce majeure ou mineure à l'accord de septième dominante. Ils font leur résolution sur l'accord de tonique, et se chiffrent par 9.

Dans la réalisation des accords de neuvième, la neuvième doit être séparée de la fondamentale par un intervalle de neuvième, jamais par un intervalle de seconde.

Les accords de neuvième n'ont que trois renversements. Le quatrième ne peut exister parce que la neuvième à la basse se trouverait plus bas que la fondamentale.

XIII. — Page 75.

ACCORD DE SEPTIÈME DE SENSIBLE. — S'obtient en ajoutant un intervalle de tierce majeure à l'accord diminué du septième degré en majeur. Il se chiffre par $\frac{7}{5}$. Il n'a que deux renversements.

ACCORD DE SEPTIÈME DIMINUÉE. — S'obtient en ajoutant un intervalle de tierce mineure à l'accord diminué du septième degré en mineur. Il se chiffre par 7. Il a trois renversements. Ces deux accords font leur résolution par seconde inférieure sur l'accord de tonique.

Les accords dissonants qui ont besoin d'être préparés sont les accords de septième du premier, second, troisième, quatrième et sixième degré de la gamme majeure, et du second, quatrième et sixième degré de la gamme mineure. Ces accords font leur résolution par quarte supérieure ou quinte inférieure. Ils ont trois renversements. Le plus usité est celui du second degré en majeur et en mineur. Il précède souvent la cadence parfaite à la fin d'une phrase.

XIV. — Page 83.

ACCORD ALTÉRÉ. — La quinte ou la tierce haussée ou baissée d'un demi-ton. La note altérée doit être précédée de la même note sans altération.

ACCORD DE QUINTE AUGMENTÉE. — S'obtient en haussant d'un demi-ton la quinte des accords parfaits majeurs du premier, du quatrième et du cinquième degré de la gamme majeure.

ACCORD DE QUINTE DIMINUÉE. — S'obtient en baissant d'un demi-ton l'accord parfait du premier degré en majeur, et du cinquième degré en majeur et en mineur.

On peut altérer en montant et en descendant la quinte des accords de septième dominante et de neuvième, et la tierce de l'accord diminué du septième degré, de l'accord de septième de sensible, et de l'accord de septième diminuée.

ACCORD DE SIXTE AUGMENTÉE. — Nom donné au second renversement de l'accord de septième dominante altéré en descendant, où la quinte (note altérée) se trouve à la basse. C'est aussi le premier renversement des accords du septième degré altéré, dans lequel la tierce (note altérée) se trouve à la basse. Ce nom exprime l'intervalle de sixte augmentée que forme la basse avec une des parties supérieures. Cet accord se chiffre par +6.

NOTE RÉELLE. — Qui appartient à l'accord.

NOTE ACCIDENTELLE. — Qui est étrangère à l'accord.

MODULATION. — Transition d'une gamme à une autre gamme différente.

TABLEAU DES CHIFFRES INDICATEURS DES INTERVALLES QUE DOIT FORMER LA BASSE AVEC LES PARTIES SUPÉRIEURES.

ACCORD PARFAIT. — TROIS SONS.

Non renversé.	1er renversement.	2e renversement.
$\frac{5}{3}$, ou 3, ou 5, ou 8, ou $\frac{5}{\#3}$, ou #	6	$\frac{4}{6}$

ACCORD DIMINUÉ. — TROIS SONS.

Non renversé.	1er renversement.	2e renversement.
$\cancel{5}$	6	$\frac{6}{+4}$

ACCORD DE SEPTIÈME. — QUATRE SONS.

Non renversé.	1er renversement.	2e renversement.	3e renversement.
7	$\frac{6}{5}$	$\frac{4}{3}$	2

ACCORD DE SEPTIÈME DOMINANTE. — QUATRE SONS.

Non renversé.	1er renversement.	2e renversement.	3e renversement.
7+	$\frac{6}{\cancel{5}}$	$\cancel{6}$	$+4$

ACCORD DE NEUVIÈME. — CINQ SONS.

Non renversé.	1er renversement.	2e renversement. majeur.	mineur.	3e renversement.
9	$\frac{7}{6}{\cancel{5}}$	$\frac{6}{5}{4}$	$\frac{6}{\cancel{5}}{4}$	$\frac{10}{+4}$

ACCORD DE SEPTIÈME DE SENSIBLE. — QUATRE SONS.

Non renversé.	1er renversement.	2e renversement.
$\frac{7}{\cancel{5}}$	$\frac{6}{5}{3}$ ou $\frac{6}{5}$	$\frac{+4}{3}$

ACCORD DE SEPTIÈME DIMINUÉE. — QUATRE SONS.

Non renversé.	1er renversement.	2e renversement.	3e renversement.
$\cancel{7}$	$\frac{6}{\cancel{5}}$	$\frac{+4}{3}$	$+2$

XV

MODULATION. — GAMMES OU TONS RELATIFS.

LA MÈRE.

Il y a deux espèces de Modulations :

1° Modulation dans une gamme relative ;
2° Modulation dans une gamme éloignée.

On appelle Gammes Éloignées celles qui, comparées à une autre gamme, ne lui sont pas relatives.

Vous savez que deux gammes qui s'indiquent à la clef de la même manière sont relatives entre elles. Chaque gamme, majeure ou mineure, a quatre autres relatives qui n'en diffèrent que par un accident, dièse ou bémol, en plus ou en moins. Par exemple, les gammes majeures de Do et de Fa sont relatives, parce que les notes qui les composent sont exactement les mêmes, à l'exception d'une, Si ♭.

Dans la comparaison de différentes gammes entre elles on se sert indistinctement des mots

Gamme et Ton. Ainsi l'on peut dire : ton de Do, pour gamme de Do ; ton de La, pour gamme de La, et ainsi de suite.

Un ton quelconque comparé à ses tons relatifs s'appelle Ton Principal.

LE TON DE DO MAJEUR A POUR RELATIFS

Ton principal.

Do majeur.	Ré mineur.	Mi mineur.	Fa majeur.	Sol majeur.	La mineur.
1	2	3	4	5	6

LE TON DE LA MINEUR A POUR RELATIFS

Ton principal.

La mineur.	Sol majeur.	Fa majeur.	Mi mineur.	Ré mineur.	Do majeur.
1	7	6	5	4	3

LE FILS.

Alors un ton majeur a toujours deux relatifs majeurs et trois mineurs ; un ton mineur a trois relatifs majeurs et deux mineurs ?

LA MÈRE.

Précisément. —Vous voyez que les toniques des gammes relatives d'une gamme majeure se placent sur les cinq degrés qui suivent, en montant, la tonique de cette gamme majeure ; et les toniques des relatives d'une gamme mineure sur les cinq degrés qui suivent en descendant la tonique de cette gamme mineure.

Le ton relatif qui s'indique à la clef de la même manière que le ton principal, s'appelle Premier Relatif Mineur, si le ton principal est majeur ; Premier Relatif Majeur, si le ton principal est mineur.

LE FILS.

Ainsi La mineur est premier relatif mineur de Do majeur, et Do majeur premier relatif majeur de La mineur.

LA MÈRE.

C'est cela. —Parmi les gammes relatives d'une gamme majeure, il y en a trois qui diffèrent de la gamme principale par une note, et deux qui diffèrent par deux notes : comme vous verrez dans ce tableau.

GAMME MAJEURE DE DO COMPARÉE A SES CINQ RELATIVES.

DO majeur.

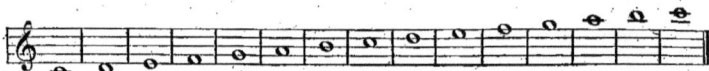

1. — LA mineur.

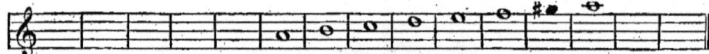

2. — SOL majeur.

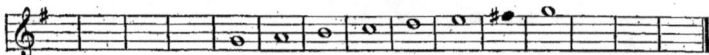

3. — FA majeur.

4. — MI mineur.

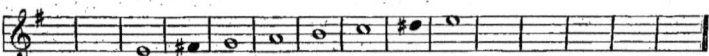

5. — RÉ mineur.

La gamme mineure de La renferme une note étrangère à la gamme majeure de Do : Sol ♯.

—	majeure de Sol	—	—	—	Fa ♯.
—	— Fa	—	—	—	Si ♭.
—	mineure de Mi	deux notes	—	—	Fa ♯, Ré ♯.
—	— Ré	—	—	—	Si ♭, Do ♯.

En comparant la gamme mineure avec ses cinq relatives, vous verrez que l'une d'elles diffère de la gamme principale par une note ; que deux de ces relatives diffèrent par deux notes ; et deux autres par trois notes.

GAMME MINEURE DE LA COMPARÉE A SES CINQ RELATIVES.

LA mineur.

1. — SOL majeur.

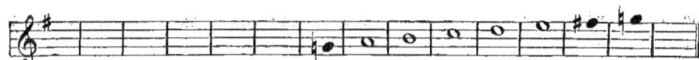

2. — FA majeur.

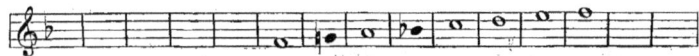

3. — MI mineur.

4. — RÉ mineur.

5. — DO majeur.

LE FILS.

Dans la gamme majeure de Do il y a une note qui n'est pas dans la gamme mineure de La : Sol ♮.

Dans la gamme mineure de Ré il y a trois notes qui ne sont pas dans la gamme mineure de La : Sol ♮, Si ♭, Do ♯.

Dans la gamme mineure de Mi il y a trois notes qui ne sont pas dans la gamme mineure de La : Sol ♮, Fa ♯, Ré ♯.

Dans la gamme majeure de Fa il y a deux notes qui ne sont pas dans la gamme mineure de La : Sol ♮, Si ♭.

Dans la gamme majeure de Sol il y a deux notes qui ne sont pas dans la gamme mineure de La : Sol ♮, Fa ♯.

14

Les notes d'une gamme relative qui n'appartiennent pas au ton principal s'appellent Notes Caractéristiques, parce qu'elles marquent la différence entre les deux gammes. Vous venez de nommer ces notes dans les gammes relatives de La mineur. L'accord parfait de dominante ou l'accord de septième dominante d'une gamme relative contient toujours une ou deux des notes caractéristiques. Il vous est facile de vous en convaincre, en écrivant les accords de dominante de tous les relatifs de Do majeur et de La mineur.

LE FILS.

Voici les accords de dominante et de septième dominante des gammes relatives de Do majeur et de La mineur.

Note caractéristique.
Sol ♯.   Fa ♯.   Si ♭.   Do ♯.   Fa ♯ et Ré ♯.
DO MAJEUR.
1.   2.   3.   4.   5.
En La mineur.   En Sol majeur.   En Fa majeur.   En Ré mineur.   En Mi mineur.

Note caractéristique.
Sol ♮.   Ré ♯.   Do ♯.   Si ♭.   Fa ♯
LA MINEUR.
1.   2.   3.   4.   5.
En Do majeur.   En Mi mineur.   En Ré mineur.   En Fa majeur.   En Sol majeur.

LA MÈRE.

Pour aller d'un ton quelconque dans un de ses relatifs, il n'y a qu'à placer immédiatement après l'accord de tonique de ce son, un accord de dominante du ton où l'on veut aller, et, à la suite de cet accord de dominante, l'accord de tonique du même ton relatif ; de cette manière :

MODULATION DE DO MAJEUR

EN LA MINEUR.   EN SOL MAJEUR.
Dominante.   7e dominante.   Dominante.   7e dominante.
1.   2.   1.   2.
Do   Mi   La   Do   Ré   Sol
tonique. domin^te tonique.   tonique. domin^te tonique.
de La.   de Sol.

EN FA MAJEUR.

7ᵉ dominante.

Do   Do   Fa
tonique.   dominante   tonique.
            de Fa.

EN MI MINEUR.   EN RÉ MINEUR.

Dominante.   7ᵉ dominante.   Dominante.   7ᵉ dominante.

Do   Si   Mi   Do   La   Ré
tonique. dominᵗᵉ tonique.   tonique. dominᵗᵉ tonique.
    de Mi.   de Ré.

LE FILS.

Vous n'avez écrit là, il me semble, que des cadences parfaites dans les gammes relatives de Do?

LA MÈRE.

Presque toutes les modulations se font, de cette manière, au moyen de la cadence parfaite du ton où l'on va. On peut cependant moduler au moyen d'une cadence imparfaite, comme vous verrez dans ces exemples :

MODULATIONS DE DO MAJEUR DANS TOUTES SES RELATIVES.

Do   La   Sol   Mi   Fa   Ré   Do
majeur.   mineur.   majeur.   mineur.   majeur.   mineur.   majeur.

Cadence   Cadence   Cadence   Cadence   Cadence   Cadence
imparfaite. parfaite.   imparfaite. parfaite.   imparfaite. parfaite.

Voici des modulations de Do majeur dans toutes les gammes majeures et mineures, au moyen des cadences parfaites et imparfaites.

13.
Fa ♯ majeur.
14.
Ré ♯ mineur.
15.
Ré ♭ majeur.
16.
Si ♭ mineur.
17.
La ♭ majeur.
18.
Fa mineur.
19.
Mi ♭ majeur.
20.
Do mineur.
21.
Si ♭ majeur.
22.
Sol mineur.
23.
Fa majeur.
24.
Ré mineur.
25.
Do majeur.

On peut placer l'accord de dominante de la gamme où l'on va à la suite de tout autre accord que celui de tonique de la gamme que l'on quitte ; de cette manière :

MODULATIONS DE DO MAJEUR EN LA MINEUR.

EN MI MINEUR.

EN RE MINEUR.

Dans les modulations de Do majeur en Mi mineur, et en Ré mineur, que j'ai marquées +, vous voyez que l'accord de septième dominante est remplacé par l'accord de septième diminuée. On peut, en effet, dans ces formules de cadence, se servir pour moduler, au lieu de l'accord de septième dominante, de l'un des accords qui en dérivent. En voici quelques exemples :

MODULATION DE DO MAJEUR DANS SES RELATIVES MAJEURES AU MOYEN DE L'ACCORD DE SEPTIÈME DE SENSIBLE.

MODULATION DE DO MAJEUR DANS SES RELATIVES MINEURES AU MOYEN DE L'ACCORD DE SEPTIÈME DIMINUÉE.

Dans cette formule de cadence on peut remplacer le second renversement de l'accord de septième dominante par le premier renversement de l'accord diminué, qui se compose, comme vous le savez, des mêmes notes moins une.

MODULATIONS DE DO MAJEUR

Le premier renversement des accords de dominante, et le troisième renversement de l'accord de septième dominante, ne peuvent terminer complétement une modulation. Pour cette raison les modulations qui commencent par un de ces renversements doivent toujours finir par une cadence parfaite, ou par le second renversement de l'accord de septième dominante, suivi de l'accord de tonique.

MODULATIONS DE DO MAJEUR
En La mineur.

Accord de 7ᵉ domin. 3ᵉ renversem.   Accord de tonique. 1ᵉʳ renversem.   Accord de tonique. 2ᵉ renversement.   Accord de 7ᵉ dominante. 1ᵉʳ renversement.

En Sol majeur.

En Fa majeur.   En Mi mineur.

En Ré mineur.

Les accords placés entre la tonique du ton que l'on quitte et la dominante du ton où l'on veut aller, s'appellent Accords Intermédiaires. On les choisit de préférence parmi les accords

15

communs aux deux gammes que l'on veut unir. Dans ces exemples j'ai marqué les accords intermédiaires par +.

MODULATIONS DE DO MAJEUR

En Ré mineur.   En Mi mineur.   En Fa majeur.

LE FILS.

Il doit être difficile de reconnaître les accords qui appartiennent à deux gammes différentes.

LA MÈRE.

Les tableaux suivants vous indiqueront les accords communs à deux gammes, majeur et mineur, et à leurs relatives.

ACCORDS COMMUNS A LA GAMME DE DO MAJEUR ET A SES RELATIVES.

ACCORDS COMMUNS A LA GAMME MINEURE DE LA ET A SES RELATIVES.

On peut placer sur le cinquième degré de la gamme où l'on veut aller le second renversement de l'accord de tonique de cette gamme, suivi de l'accord de dominante qui forme la modulation ; comme dans ces exemples :

MODULATIONS DE DO MAJEUR

XVI

MODULATIONS DANS LES TONS ÉLOIGNÉS.

LA MÈRE.

Si dans une gamme majeure on baisse d'un demi-ton la tierce de l'accord de tonique, on obtient l'accord de tonique de la même gamme en mineur ; et réciproquement, comme dans ces exemples :

ACCORDS DE TONIQUES, MAJEURS ET MINEURS.

ACCORDS DE TONIQUES, MINEURS ET MAJEURS.

Au moyen de cette altération on peut moduler d'une gamme majeure dans tous les relatifs de la même gamme mineure, et d'une gamme mineure dans tous les relatifs de la même gamme majeure.

MODULATION DE DO MAJEUR DANS LES RELATIVES DE DO MINEUR.

Do
majeur.
1.

Do
mineur.

Si ♭
majeur.
2.

La ♭
majeur.
3.

Sol
mineur.

Fa
mineur.
4.

Mi ♭
majeur.
5.

LE FILS.

Dans le quatrième de ces exemples, en allant de Do majeur en Fa mineur, vous n'avez pas altéré l'accord de Do ?

LA MÈRE.

Parce que l'accord majeur Do, Mi, Sol, est lui-même l'accord de dominante de la gamme de Fa. L'accord mineur, Do, Mi ♭, Sol, nous aurait éloignés de cette gamme.

A la suite de l'accord de dominante de la gamme où l'on veut aller, on peut placer indistinctement un accord de tonique majeur ou mineur.

Do majeur.
1.

Do mineur.
2.

3ᵉ degré.   Tonique.

A l'aide de ces deux résolutions on peut transformer en tons majeurs les relatifs mineurs, et en tons mineurs les relatifs majeurs d'un ton quelconque; de cette manière :

On obtient des modulations très éloignées au moyen des cadences rompues. La plus usitée de ces modulations est celle dans laquelle la dominante de la gamme où l'on est, monte d'un demi-ton à la basse sur la fondamentale d'un accord parfait, comme dans ces exemples :

Demi-ton
cadence rompue.

LE FILS.

Il faut alors, je suppose, considérer l'accord parfait qui suit l'accord de dominante comme accord de tonique d'une nouvelle gamme.

LA MÈRE.

Précisément. — On place à la suite quelques accords qui complètent la modulation. Voici les exemples précédents complétés :

Il y a une autre manière encore plus simple de moduler. C'est de placer à la suite d'un accord de tonique quelconque l'accord de tonique d'une autre gamme très éloignée. Il faut toujours compléter la modulation en plaçant à la suite de ce dernier accord de tonique quelques autres accords de la gamme où l'on va, ou tout au moins une cadence parfaite.

On passe aussi dans une gamme éloignée en changeant enharmoniquement une des notes d'un accord de septième diminuée. Par exemple, l'accord de septième diminuée dans la gamme mineure de La, nous conduira dans la gamme mineure de Do, si l'on change Sol ♯ en La ♭.

ACCORDS ENHARMONIQUES

En La mineur.   En Do mineur.

Accord
de 7e diminuée.
Non renversé.

Accord
de 7e diminuée.
3e renversement.

LE FILS.

Mais Sol ♯ et La ♭ produisent le même son au piano ?

LA MÈRE.

Cela est vrai, mais la résolution de ces deux notes n'est pas la même. Sol ♯, fondamentale de l'accord de septième diminuée, Sol ♯, Si, Ré, Fa, doit monter d'un degré dans la résolution, tandis que La ♭, septième de l'accord de septième diminuée, Si, Ré, Fa, La ♭, doit descendre d'un degré.

RÉSOLUTION DE SOL ♯ ET DE LA ♭.

Voici cette modulation enharmonique complétée :

La mineur.   en   Do mineur.

LE FILS.

La résolution du troisième renversement de l'accord de septième diminuée n'est pas le même dans ces deux exemples.

LA MÈRE.

D'après la règle, ce renversement doit faire sa résolution sur le second renversement de l'accord de tonique, mais la résolution sur un accord de dominante non renversé est plus usitée parce qu'elle est d'un meilleur effet.

En changeant enharmoniquement une, deux, ou trois notes de l'accord de septième diminuée, la note la plus basse de cet accord devient tierce, quinte, ou septième d'un autre accord de septième diminuée. De cette manière on peut moduler dans trois gammes différentes.

La tierce, la quinte, et la septième d'un accord de septième diminuée peut devenir, à l'aide de changements enharmoniques la note la plus basse d'un autre accord de septième diminuée, ce qui produit encore trois nouvelles modulations.

L'accord de septième diminuée peut faire sa résolution sur un accord quelconque, pourvu que la fondamentale, la quinte et la septième fassent leur résolution d'après la règle, restent en place pendant l'accord suivant, ou changent enharmoniquement ou chromatiquement.

RÉSOLUTION, PAR EXCEPTION, DE L'ACCORD DE SEPTIÈME DIMINUÉE.

Avec ces exceptions de résolution de l'accord de septième diminuée on peut faire un grand nombre de modulations.

MODULATIONS DE LA MINEUR

MODULATIONS DE DO MINEUR

En La mineur.   En La♭ mineur.

Ne vous étonnez pas de voir un accord en majeur et en mineur à la suite de l'accord de dominante dans deux de ces exemples. L'accord de septième diminuée peut être indistinctement précédé et suivi d'un accord majeur ou mineur, comme vous verrez dans ces modulations de Do majeur.

Un accord de tonique quelconque, dont toutes les notes sont changées enharmoniquement, devient alors accord de tonique d'une autre gamme, dans laquelle on peut ainsi moduler. Dans cet exemple l'accord de tonique Sol #, Si #, Ré #, est changé en accord de tonique de La ♭, Do, Mi ♭.

On peut moduler d'une manière analogue en changeant enharmoniquement toutes les notes d'un accord de septième dominante. En voici un exemple où l'accord de septième dominante de Do # devient accord de septième dominante de la gamme de Ré ♭.

Si l'on change enharmoniquement la septième d'un accord de septième dominante, Sol, Si, Ré, Fa, par exemple, cet accord devient accord de sixte augmentée, Sol, Si, Ré, Mi ♯.

Accord de septième   Accord de sixte
dominante...   augmentée.

LE FILS.

N'est-ce pas que l'accord de sixte augmentée est le second renversement d'un accord de septième dominante, avec la quinte altérée en descendant, ou le premier renversement de l'accord du septième degré avec la tierce altérée aussi en descendant?

LA MÈRE.

Vous avez raison, et l'accord de sixte augmentée, dans notre exemple, n'est autre chose que le premier renversement de l'accord de septième diminuée de la gamme mineure de Fa ♯, avec la tierce altérée en descendant : Mi ♯, Sol ♯, Si, Ré, ce qui devient Mi ♯, Sol ♮, Si, Ré.

Accord de Septième dominante
Non renversé.   1er renversement.

7e degré
en Fa ♯ mineur.

Cette transformation d'un accord de septième dominante en accord de sixte augmentée permet de moduler dans les gammes très éloignées. Par exemple, de Do majeur en Fa ♯ majeur.

Do majeur.   Fa ♯ majeur.

MANUEL D'HARMONIE.

En plaçant un accord de sixte augmentée à la suite de l'accord de tonique, on peut moduler d'une gamme quelconque à toutes les autres gammes, à peu près de cette manière :

DO MAJEUR

Il est souvent impossible d'éviter entre la basse et une des parties supérieures deux quintes dans la réalisation de l'accord de sixte augmentée, suivi de l'accord de dominante. La faute de deux quintes que vous voyez dans quelques-unes de ces modulations est généralement permise, parce que l'effet des deux quintes est adouci par le mouvement de trois parties qui descendent simultanément d'un demi-ton. Si les trois parties descendaient d'un ton entier, l'effet des deux quintes serait beaucoup plus dur.

Quelquefois on rencontre, dans un morceau, un ou plusieurs accords étrangers à la gamme où l'on est, sans qu'il y ait modulation complète. Chacun de ces accords, étrangers au ton du morceau, forme ce qu'on appelle une Demi-Modulation. Dans cet exemple, j'ai marqué par + les demi-modulations.

EN DO MAJEUR.

En parlant des accords altérés, je vous ai dit que la note altérée doit toujours être précédée de la même note sans altération. Quand cette règle n'est pas observée, il en résulte ce qu'on appelle Fausse Relation. L'effet des fausses relations est très souvent mauvais. Le seul moyen de les éviter est de ne pas doubler la note qui doit être altérée.

On peut cependant la doubler quand les deux parties marchent par degrés conjoints, et par mouvement contraire sans qu'il y ait fausse relation.

La fausse relation est permise dans les modulations où les toniques des deux tons à unir sont séparées par un intervalle de seconde supérieure : Do-Ré, Ré-Mi, etc.

MODULATIONS PAR SECONDE SUPÉRIEURE.

XVII

NOTES ACCIDENTELLES. — BRODERIE. — APPOGGIATURE. — SUSPENSION. — RETARD. — PÉDALE.

LA MÈRE.

Nous avons vu qu'afin de donner plus de variété aux parties qui exécutent l'harmonie, on y introduit des Notes Accidentelles. Voici un exemple qui en renferme quelques-unes. Je les ai marquées par *, pour les distinguer des notes réelles.

Pour que les notes accidentelles soient bonnes, il faut que la réalisation réduite aux notes réelles soit exempte de fautes. Voici le même exemple réduit aux notes réelles.

Il y a deux sortes de notes accidentelles :

1° Celles qui servent à unir les notes réelles de deux accords. Elles s'appellent Broderies, Appoggiatures, et Notes de Passage.

2° Celles qui sont la prolongation de la note réelle d'un accord sur un autre accord auquel elle est étrangère. Elles s'appellent Suspensions, Retards et Pédales.

La Broderie est une note accidentelle séparée par un intervalle de seconde, supérieure ou inférieure, de la note réelle qui la précède et qui la suit.

Vous voyez dans ces exemples que la note brodée, Do, peut être doublée.

La broderie peut être simple, double, triple ou quadruple, suivant qu'une, deux, trois ou quatre notes étrangères à l'accord se trouvent entre la même note réelle répétée.

Les notes qui composent la broderie appartiennent le plus souvent à la gamme où l'on est; mais elles peuvent être notes étrangères à cette gamme, comme dans ces exemples n°s 3 et 4.

BRODERIE

Dans une mesure à quatre temps, renfermant deux blanches fondamentales de deux accords différents, la broderie doit se faire pendant la durée du premier accord. Elle peut se faire à la rigueur au commencement du second ; mais il vaut mieux commencer le second accord par des notes réelles dans toutes les parties.

Une note accidentelle qui précède ou suit une note réelle à distance de seconde, s'appelle Appoggiature. Ce nom vient du mot italien *appoggiare* (s'appuyer), et exprime que l'on s'appuie, pour ainsi dire, sur cette note.

APPOGGIATURE.

LE FILS.

Comment distinguer l'Appoggiature de la Broderie ?

LA MÈRE.

La broderie est précédée et suivie d'une même note réelle ; de sorte qu'il faut trois notes

pour la placer : Do, Ré, Do (broderie). Tandis qu'il n'en faut que deux pour l'appoggiature :
Si-Do (appoggiature.)

La note réelle qui reçoit l'appoggiature peut être doublée, comme vous voyez dans cet
exemple.

Quand deux notes marchent par degrés disjoints, on peut remplir la distance qui les sépare
par des notes accidentelles formant des degrés conjoints. Les notes ainsi ajoutées s'appellent
Notes de Passage.

Voici un exemple composé de notes réelles ; vous pouvez placer des notes de passage entre
elles, dans la partie supérieure qui marche par degrés disjoints.

LE FILS.

Il me semble qu'il n'y a pas beaucoup de différence entre la Note de Passage et l'Appoggiature ?

LA MÈRE.

C'est qu'il faut au moins trois notes différentes pour qu'il y ait note de passage ; tandis que l'appoggiature n'en exige que deux. Aussi une appoggiature peut commencer une phrase, mais une note de passage ne peut se placer qu'après une ou plusieurs notes réelles.

On peut placer des notes de passage dans plusieurs parties à la fois, pourvu qu'elles forment des intervalles de tierces ou de sixtes.

Les notes de passage peuvent aussi marcher par mouvement contraire.

Quand deux parties marchent par mouvement contraire et par degrés disjoints, on placer des notes de passage de valeur différente entre chacune de leurs notes réelles.

Nous avons dit qu'on appelle Suspension, la prolongation d'une note réelle sur un accord auquel elle est étrangère.

La suspension se compose de trois parties :

1° La Préparation ;
2° La Suspension ;
3° La Résolution.

La préparation et la suspension doivent se faire par la même note : Do, dans notre exemple. La suspension descend d'un degré dans sa résolution : Do à Si, dans notre exemple.

La préparation et la suspension doivent avoir une durée au moins égale. La durée de la préparation peut être plus longue que celle de la suspension, comme dans notre premier exemple. Cet exemple vaut mieux que le second où la durée de la préparation est plus courte que celle de la suspension. La note sur laquelle la suspension fait sa résolution s'appelle Note Suspendue. Elle ne doit jamais se trouver dans deux des parties supérieures. Pour cette raison notre second exemple est mauvais. Vous voyez que Si, la note suspendue, y est doublé au ténor et au contralto. Nous verrons bientôt qu'elle peut être doublée par la basse. La suspension doit toujours se trouver au commencement de la mesure.

On peut suspendre la fondamentale, la tierce, et la quinte des accords. Les suspensions de la tierce et de la fondamentale sont les plus usitées, et peuvent se faire indistinctement dans toutes les parties. On ne suspend jamais la septième ni la neuvième.

TIERCE SUSPENDUE

Les suspensions qui se font dans les parties supérieures se chiffrent par 4—3, 7—6, 9—8. Le premier de ces chiffres exprime l'intervalle formé par la basse avec la suspension; le deuxième indique l'intervalle que la note suspendue forme avec la basse.

SUSPENSIONS CHIFFRÉES.

LE FILS.

Dans la suspension chiffrée 9 — 8 , la note suspendue est doublée par la basse. (Nᵒˢ 3 et 4, exemple précédent.)

LA MÈRE.

Cette espèce de suspension est la seule où la note suspendue se trouve doublée. La dureté qui résulterait, ordinairement dans les autres cas, de l'exécution simultanée de la suspension et de la note suspendue, est ici atténuée par la distance qui sépare les deux parties. La suspension 9 — 8 est surtout usitée quand la basse monte d'un degré ou de cinq degrés.

Les suspensions à la basse se chiffrent par $\frac{5}{2}$, quand la tierce est suspendue, et par $\frac{4}{2}$, quand c'est la fondamentale. La note suspendue se chiffre par 5 ou par 6, à la suite de la suspension.

SUSPENSION A LA BASSE CHIFFRÉE.

Les suspensions faites avec les accords de trois sons ou l'accord de septième dominante, sont les meilleures, bien que l'on puisse les faire avec toute espèce d'accord. En voici des exemples :

Dans les accords de sixte augmentée on suspend souvent la note qui forme avec la basse l'intervalle de sixte augmentée.

Pour que les suspensions soient bonnes, il faut que l'harmonie reste correcte, si l'on vient à les supprimer. Vous pouvez voir vous-même si cet exemple est bon.

ACCORDS AVEC SUSPENSIONS.

LE FILS.

MÊMES ACCORDS SANS SUSPENSIONS.

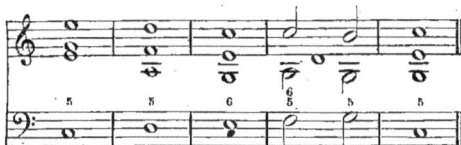

LA MÈRE.

Quelquefois on ajoute la broderie aux suspensions, à peu près de cette manière :

On peut suspendre à la fois deux notes d'un accord : cela s'appelle Double Suspension.

Très souvent, à la fin d'un morceau, toutes les notes de l'accord de septième dominante ou de neuvième mineure sont suspendues dans les parties supérieures pendant que la tonique est à la basse. Dans ce cas, elles font leur résolution dans la seconde moitié de la mesure. Cette espèce de suspension s'appelle Accord de Onzième de Tonique, à cause de l'intervalle de onzième formé par la basse avec une des parties supérieures. Cette espèce de suspension se

18

chiffre par + 7. Vous devez savoir que l'intervalle de onzième n'est autre chose que la quarte dont la note la plus haute est transportée dans une octave supérieure. En voici un exemple :

LE FILS.

Il me semble que, dans cet exemple, l'accord de septième dominante est placé, dans les parties supérieures, sur la tonique à la basse.

LA MÈRE.

L'accord de onzième de tonique n'est vraiment autre chose. Mozart a beaucoup employé cette espèce de cadence. Vous la trouverez à la fin de presque tous ses andantes, à peu près de cette manière :

Vous voyez que l'une des notes suspendues fait sa résolution en montant d'un degré. Cette exception à la règle est permise, parce que la note qui monte ainsi est la note sensible. Fa # dans ce dernier exemple.

Quelquefois la résolution d'une suspension se fait par degrés disjoints. La suspension s'appelle alors Retard.

Une suite de [notes retardées forme ce qu'on appelle Syncopes. Ce terme vient des mots grecs *sun* (avec), et *kopto* (je coupe), et exprime que la durée de la note retardée est, pour ainsi dire, coupée par un accord auquel elle est étrangère. Voici des exemples de syncopes :

On fait quelquefois entendre l'une des notes d'un accord avant les autres, ce qui est le contraire du retard. Cela s'appelle Anticipation.

Une note prolongée dans une partie pendant la durée de plusieurs accords, et qui est étrangère à quelques-uns d'entre eux, s'appelle Pédale. Les pédales se trouvent le plus souvent à la basse. Dans ces exemples, j'ai marqué par + les endroits où la pédale est note étrangère aux accords.

Je ne vois pas de différence entre une note pédale et une note tenue ?

La tenue est toujours note réelle des accords sur lesquels elle est placée, tandis que la pédale est note étrangère à un ou plusieurs de ces accords.

XVIII

RÈGLE D'OCTAVE. — TRANSPOSITION.

LA MÈRE.

Maintenant que nous connaissons les différents accords et la manière de les enchaîner, nous pouvons réaliser ou accompagner une gamme de plusieurs manières. La manière la plus usitée d'accompagner les gammes s'appelle Règle d'Octave, parce qu'elle détermine les accords qui doivent être placés sur chaque degré d'une gamme ou octave. En voici des exemples :

GAMME MAJEURE DE DO.

Première Position.
1. Fondamentale au soprano.

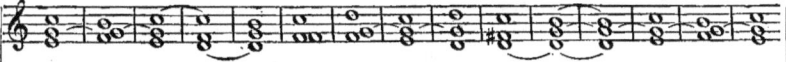

Deuxième Position.
2. Tierce de l'accord au soprano.

Troisième Position.
3. Quinte de l'accord au soprano.

18*

GAMME MINEURE DE LA.

D'après ces exemples, vous voyez que les mêmes notes, dans les parties supérieures, peuvent servir pour l'accompagnement du cinquième et quatrième degré en descendant. Mais ces notes appartiennent à deux accords différents. Celui du cinquième degré est l'accord parfait de dominante, non renversé (Sol, Si, Ré), et se chiffre par 5. Celui du quatrième degré est l'accord de septième dominante (Sol, Si, Ré, Fa), dans son troisième renversement, ce qui nous donne Fa à la basse, chiffré par + 4, et Sol, Si, Ré, dans les parties supérieures. Vou devez savoir que le 4 précédé d'un + exprime l'intervalle de quarte augmentée, formé par la basse avec la tierce de l'accord fondamental dans une des parties supérieures : Fa-Si dans notre exemple. L'intervalle de quarte augmentée se compose de trois tons, et, pour cette raison, ce renversement s'appelle Accord de Triton, c'est-à-dire de trois tons.

INTERVALLE DE QUARTE AUGMENTÉE. — FA-SI : 3 TONS.

Fa-Sol.	Sol-La,	La-Si.
1 ton.	1 ton.	1 ton.

Voici quelques autresmanières d'accompagner la gamme :

GAMME MAJEURE DE SOL.

GAMME MAJEURE DE FA.

GAMME MAJEURE DE MI ♭ AU SOPRANO.

Il n'y a pas de règle pour l'accompagnement de la gamme chromatique, parce que ses notes n'appartiennent à aucune gamme particulière. Elle n'est véritablement qu'une succession de demi-tons. En voici cependant un exemple :

LE FILS.

Je n'ai pas encore trouvé dans ma musique de piano une gamme entière accompagnée ?

LA MÈRE.

Le plus souvent on ne rencontre que des fragments plus ou moins longs des gammes diatoniques et chromatiques.

Fragment de la Gamme majeure de Sol.   Fragment d'une Gamme chromatique à partir de Sol.

LE FILS.

J'ai remarqué, quelquefois, que l'on exécute un morceau de musique dans un ton différent de celui qui est indiqué à la clef. Je voudrais bien savoir comment cela peut se faire.

LA MÈRE.

Cette espèce de travail s'appelle Transposition. Comme on ne peut pas transposer sans se servir des Clefs d'Ut et de Fa, il faut étudier, avec beaucoup de soin, la disposition des notes de la gamme comme elles sont écrites dans ce tableau.

TABLEAU DES CLEFS.

Vous comprendrez, d'après ce tableau, que la même note peut porter sept noms différents, suivant la clef qui la précède. Pour voir cela sous la forme la plus simple, on n'a qu'à écrire la note placée sur la même ligne ou interligne avec chacune des clefs.

Prenons Do, par exemple, dans la clef de Sol.

LE FILS.

Voici encore la gamme de Do :

LA MÈRE.

Maintenant nous allons transposer en Ré majeur une petite phrase de la gamme de Do. Pour cela, il faut que la tonique de la gamme que l'on veut avoir occupe la même place sur la portée que la tonique de la gamme que l'on veut transposer. La tonique de notre phrase écrite avec la clef de Sol se trouve sur le troisième interligne. Il faut, alors, chercher une autre clef qui nous donnera notre nouvelle tonique, Ré, sur le même interligne.

LE FILS.

Écrite avec la clef d'Ut troisième ligne, la note placée sur le troisième interligne s'appelle Ré. (Voyez l'exemple précédent.)

LA MÈRE.

Très bien. — Ayant changé ainsi le nom de notre tonique Do en Ré, nous pouvons lire les parties supérieures de notre phrase à partir de Ré au lieu de Do, sans déplacer aucune des notes. Il ne faut pas oublier d'ajouter à la clef d'Ut les accidents qui appartiennent à la gamme de Ré, c'est-à-dire deux dièses, l'un pour Fa et l'autre pour Do.

19

PHRASE EN DO MAJEUR, ÉCRITE AVEC LES CLEFS DE SOL ET DE FA.

PARTIES SUPÉRIEURES ÉCRITES AVEC LA CLEF D'UT TROISIÈME LIGNE.

Pour transposer la basse telle qu'elle est écrite avec la clef de Fa, nous prenons les mêmes moyens que nous avons employés pour les parties écrites avec la clef de sol. Vous verrez, dans notre tableau, que la note placée sur le second interligne s'appelle Do, écrite avec la clef de Fa quatrième ligne, et Ré, écrite avec la clef d'Ut seconde ligne.

Notre basse transposée de Do en Ré sera, alors, comme dans cet exemple.

Pour rendre notre transposition facile à lire, nous pouvons la traduire avec les clefs de Sol et de Fa, de cette manière :

Transposition de Do majeur en Ré majeur, au moyen des clefs d'Ut 3ᵉ et 2ᵉ lignes.

Même transposition écrite avec les clefs de Sol et de Fa.

Il est à remarquer que la nature de la gamme se conserve toujours en transposant ; c'est-à-dire, la transposition d'une gamme majeure doit se faire en majeur et celle d'une gamme mineure en mineur.

Les transpositions les plus usitées sont celles qui montent ou descendent d'un demi-ton, et celles qui montent ou descendent d'un degré. Dans les transpositions d'un demi-ton, au-dessus ou au-dessous, les notes conservent leurs mêmes noms, et l'on change seulement les accidents qui sont à la clef. Par exemple, en plaçant cinq bémols au lieu de deux dièses à la clef de notre transposition en Ré majeur, nous obtiendrons la même phrase en Ré ♭ majeur.

LE FILS.

De cette manière, je suppose ?

Ré majeur. Ré ♭ majeur.

LA MÈRE.

Précisément. — Voici encore d'autres transpositions de la même phrase, écrites aussi de deux manières différentes ; c'est-à-dire, 1° avec les clefs qu'il a fallu employer pour trouver les toniques placées comme la tonique de notre exemple en Do majeur (voyez page 146) ; 2° avec le nom des notes ainsi obtenues représenté avec les clefs de Sol et de Fa.

EN MI MAJEUR.
Mi Do Ré Mi Sol Fa Mi Ré Fa Mi
Mi majr.
Mi ♭ majr.
Mi Mi La Si Si Mi
EN FA MAJEUR.
Fa Ré Mi Fa La Sol Fa Mi Sol Fa
Fa majr.
Fa # majr.
Fa Fa Si Do Do Fa
EN SOL MAJEUR.
Sol Mi Fa Sol Si La Sol Fa La Sol
Sol majr.
Sol ♭ majr.
Sol Sol Do Ré Ré Sol
EN LA MAJEUR.
La Fa Sol La Do Si La Sol Si La
La majr.
La ♭ majr.
La La Ré Mi Mi La
EN SI MAJEUR.
Si Sol La Si Ré Do Si La Do Si
Si majr.
Si ♭ majr.
Si Si Mi Fa Fa Si

XIX

MARCHES HARMONIQUES.

LA MÈRE.

Une succession d'accords qui se répètent dans le même ordre pendant la durée de plusieurs mesures conjointes s'appelle Marche Harmonique.

MARCHE DE SIXTES.

Il y a des marches Simples et des marches Composées : simples, quand elles se composent d'accords de la même nature ; composées, quand les accords sont de nature différentes. La marche de sixtes est marche simple. Voici une marche composée :

ACCORDS PARFAITS ET ACCORDS DE SIXTES ALTERNATIVEMENT.

LE FILS.

Ces deux basses ne sont vraiment que la gamme de Do. On peut donc faire des marches différentes sur une même basse?

LA MÈRE.

Certainement. — Une basse sur laquelle on fait plusieurs marches différentes s'appelle Modèle. Voici quelques modèles de marches réalisés. Vous y verrez que l'on peut introduire des notes accidentelles dans la réalisation des marches.

MARCHES HARMONIQUES.

Accords de Sixtes avec suspensions.

Accords Parfaits avec suspensions.

Accords de Sixtes et Accords Parfaits.

Accords Parfaits et Accords de Sixtes avec de la broderie.

Accords parfaits et Accords de Septième.

Quand deux parties marchent alternativement par les mêmes intervalles, elles forment ce qui s'appelle Canon. Le mot canon est grec, et signifie Modèle à imiter.

CANON ENTRE LE SOPRANO ET LA BASSE.

XX

ACCOMPAGNEMENT D'UN CHANT DONNÉ.

LA MÈRE.

Quand on sait réaliser correctement une basse, on peut aussi accompagner un Chant, ou Mélodie, écrit dans une des parties supérieures.

LE FILS.

Il doit être très difficile d'écrire des accords sous un chant donné sans avoir la basse pour guide?

LA MÈRE.

Sans doute, et pour cette raison on commence par placer une basse au-dessous du chant.

LE FILS.

Comment savoir de quelles notes cette basse doit se composer?

LA MÈRE.

Quand il n'y a que des notes de grande valeur dans le chant, on peut considérer chacune comme fondamentale, tierce, quinte, ou septième, d'autant d'accords différents. Vous comprenez alors que l'on peut placer à la basse plusieurs notes différentes sous une même note du chant. La difficulté consiste à choisir la note qui doit produire le meilleur effet.

LE FILS.

Dans les basses aussi que nous avons réalisées, la même note quelquefois appartenait à plus d'un accord.

LA MÈRE.

Il est plus facile de réaliser une basse, parce que le choix des accords est à peu près déterminé par la succession des intervalles à la basse. Mais les accords qui doivent accompagner le chant donné ne sont pas aussi indiqués. Il arrive souvent que deux ou trois accords différents conviendront également à chacune de ces notes ; c'est pourquoi il n'y a pas de règles fixes pour l'accompagnement d'un chant. L'essentiel est d'avoir de bons intervalles entre la basse et le chant, les deux parties qui se font entendre le plus distinctement.

LE FILS.

Le chant est-il écrit toujours dans la partie la plus haute ?

LA MÈRE.

Presque toujours ; mais on peut l'écrire aussi au contralto ou au ténor. Dans tous les cas il faut commencer par faire la basse.

LE FILS.

Quand nous avons la basse et le chant, il doit être facile, je suppose, de remplir les autres parties.

LA MÈRE.

Cela n'est pas si facile que vous le pensez, parce que les deux parties principales ayant pris les meilleurs intervalles des accords, le choix de notes pour remplir les autres devient très limité. Aussi les règles sont-elles moins sévères pour l'accompagnement d'un chant que pour la réalisation d'une basse. Il faut toujours éviter des quintes et octaves réelles, mais les quintes et octaves cachées sont quelquefois permises. On peut, au besoin, supprimer une des parties supérieures, pourvu que les notes essentielles des accords se trouvent dans les autres parties.

Voyons maintenant comment on peut accompagner cette phrase de quatre mesures, dans la gamme de Do.

CHANT.

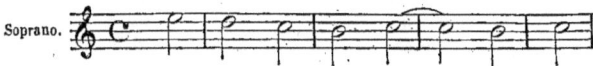

La première note du chant indique toujours si la basse doit commencer par la tonique ou par la dominante.

LE FILS.

La première note, Mi, appartient à trois accords :

1. Do, MI, Sol ;
2. La, Do, MI ;
3. MI, Sol, Si.

Le premier accord doit être accord de tonique, parce qu'il faut commencer la basse avec la tonique ou la dominante, et Mi ne se trouve pas dans l'accord de dominante, Sol, Si, Ré.

20

Vous avez raison. — Il faut donc placer Do à la basse au-dessous de Mi dans le chant.

Nous pouvons considérer Ré, la seconde note au soprano, comme quinte de l'accord de dominante.

LE FILS.

Alors Sol est la basse de Ré. Il y a après Ré une autre note appartenant à l'accord de tonique, Do, fondamentale.

LA MÈRE.

Cela est vrai. Do est aussi tierce de l'accord La, DO, Mi, ce qui nous donne La à la basse, immédiatement après Sol. (Voyez l'exemple précédent.)

On peut considérer le Si qui suit Do au soprano comme quinte de l'accord Mi, Sol, Si ; ce qui nous donne Mi à la basse.

LE FILS.

Et après Mi à la basse nous pouvons répéter le La deux fois, en dessus du Do deux fois répété au soprano.

LA MÈRE.

L'effet de cette répétition ne serait pas heureux. Il vaut mieux considérer Do comme appartenant à deux accords différents, afin d'obtenir plus de variété dans notre accompagnement. On peut considérer le premier Do comme fondamentale de l'accord de tonique, et le second Do comme quinte de l'accord parfait du quatrième degré, ou, ce qui est encore meilleur, comme septième de l'accord de septième du second degré :

DO, Mi, Sol, accord de tonique ;

Fa, La, DO, accord du quatrième degré de la gamme de Do ;

Ré, Fa, La, DO, accord de septième du second degré.

Vous savez vous-même faire une cadence parfaite au-dessous de Si, suivi de Do, les deux dernières notes au soprano.

LE FILS.

Le Si peut servir de tierce à l'accord de dominante, et le Do est sans doute fondamentale de l'accord de tonique :

Sol, SI, Ré, accord de dominante de la gamme de Do ;
DO, Mi, Sol, accord de tonique.

Tierce. Quinte. Tierce. Quinte. Octave. Septième. Tierce. Octave.

Cadence parfaite.

LA MÈRE.

Pour compléter notre accompagnement il faut écrire le contralto et le ténor.

Nous n'avons que la quinte, Sol, du premier accord Do, Mi, Sol, à placer dans une des parties supérieures ; nous la placerons au ténor. On peut doubler au soprano une des autres notes de l'accord.

LE FILS.

Vous m'avez dit, n'est-ce pas, que l'on devait doubler la fondamentale ou la quinte d'un accord plutôt que la tierce ?

LA MÈRE.

Oui. — Nous ne pouvons doubler la quinte à cause de l'unisson qui en résulterait. Il faut alors doubler au contralto la fondamentale Do, et placer au ténor Sol, quinte de l'accord.

Maintenant nous pouvons chercher s'il y a des notes communes au premier et au second accord.

LE FILS.

Il y a une note, Sol, commune à ces deux accords :

      1. Do , Mi , SOL , accord de tonique ;
      2. SOL , Si , Ré , accord de dominante.

Sol peut alors se placer au ténor de la seconde mesure.

LA MÈRE.

Très bien. Nous avons donc une note tenue au ténor pendant deux mesures. (Voyez l'exemple précédent.)

Si, tierce du second accord, est la seule note qui nous reste pour le contralto. Vous voyez que la fondamentale et la tierce du troisième accord, La, Do, Mi, sont dans la même position que la fondamentale et la tierce du premier accord Do, Mi, Sol. Nous pouvons alors compléter l'accompagnement de la même manière.

LE FILS.

Cela nous donne au contralto la fondamentale La, et au ténor la quinte Mi.

LA MÈRE.

Mi au ténor est commune aux troisième, quatrième et cinquième de nos accords :

      3. La, Do, MI, quinte de l'accord parfait du sixième degré de la gamme de Do ;
      4. MI, Sol, Si, tonique de l'accord parfait du troisième degré, même gamme';
      5. Do, MI, Sol, tierce de l'accord de tonique.

Sol est aussi commune aux quatrième et cinquième accords.

Il faut placer Mi au ténor, à la suite de Sol, et pendant la durée entière de la troisième mesure. (Voyez l'exemple précédent.)

Au contralto Sol suit naturellement La, et occupe toute la mesure.

Il y a encore une note, Ré, commune aux deux accords dans la quatrième mesure :

      RÉ, Fa, La, Do, accord de septième du second degré ;
      Sol, Si, RÉ, accord de dominante.

Je vous ai dit que les intervalles dans chaque partie doivent être aussi courts que possible. Vous pouvez oir vous-même dans quelle partie il faut placer Ré.

LE FILS.

Il me semble qu'il faut placer le Ré au ténor, à la suite de Mi.

LA MÈRE.

Pour le contralto dans cette mesure il n'y a pas à hésiter. Nous y plaçons Fa, tierce de l'accord parfait du second degré, suivi de Sol fondamentale de l'avant-dernier accord. (Voyez l'exemple précédent.)

LE FILS.

Pour compléter le dernier accord, il y a Sol au contralto qui est aussi quinte de l'accord de tonique. La tierce, Mi, peut se placer au ténor, à la suite de Ré. (Voyez l'exemple précédent.)

LA MÈRE.

On peut accompagner presque toutes les phrases musicales de plusieurs manières différentes. Voici par exemple d'autres accompagnements de nos cinq mesures :

3. Suspensions au contralto.

4. Une des parties supérieures supprimée.

5. Demi-modulation +.

6. Demi-modulation +.

6. Demi-modulation +.

6. Notes de passage *.

LE FILS.

Je suis curieux de voir l'accompagnement du même chant placé au contralto et au ténor.

LA MÈRE.

Le travail est le même que lorsqu'il est au soprano, c'est-à-dire qu'il faut toujours commencer par former la basse. Comme la partie qui contient le chant a plus d'importance que les autres parties supérieures, on l'accompagne souvent dans la première mesure par la basse seulement. Les autres parties entrent dans les mesures suivantes pour compléter les accords. Quand le chant se trouve au soprano, il est entendu assez distinctement pour que toutes les parties puissent commencer ensemble.

Voici le même chant au contralto et au ténor.

Contralto.

Ténor.

Basse. .

Nous pouvons continuer nos études d'harmonie en analysant la musique, comme j'ai fait dans cet exemple d'un opéra de Gluck :

Cet exemple est presque entièrement composé de notes réelles. Il y a une suspension dans la seconde, la quatrième, la sixième et la huitième mesure. — La septième mesure contient une note de passage dans chacune des trois parties. Je l'ai marqué de ce signe *. — L'accord est brisé à la basse dans la première et la cinquième mesure ; au soprano dans la troisième mesure ; au ténor dans la neuvième et la onzième. — De la dixième à la onzième mesure la basse forme avec la mélodie deux octaves par mouvement contraire ; mais les compositeurs se permettent souvent ces infractions à la règle quand l'effet en est bon.

Voici, maintenant, le Résumé de nos cinq dernières leçons. Cet abrégé servira de guide à votre mémoire, et vous rappellera les principes les plus importants du sujet que j'ai voulu vous aider à comprendre.

20*

RÉSUMÉ

XV. — Page 102.

MODULATION. — Il y en a deux espèces :

1° Modulation dans une gamme Relative.

2° Modulation dans une gamme Éloignée.

TON OU GAMME. — Ces mots s'emploient indistinctement en comparant les *différentes gammes entre elles*.

GAMME RELATIVE, TON RELATIF. — Gamme majeure ou mineure qui, comparée à une autre gamme, n'en diffère que par un accident, dièse ou bémol.

GAMME ÉLOIGNÉE, TON ÉLOIGNÉ. — Gamme qui, comparée à une autre gamme, ne lui est pas relative.

TON PRINCIPAL. — Ton quelconque qui se trouve comparé à ses relatifs.

PREMIER RELATIF. — Ton relatif qui s'indique à la clef de la même manière que le ton principal.

D'un ton principal majeur, le premier relatif est mineur.

D'un ton principal mineur, le premier relatif est majeur.

Chaque ton majeur a cinq relatifs, dont deux sont majeurs (second et troisième), et trois mineurs (premier, quatrième et cinquième).

Chaque ton mineur a cinq relatifs, dont deux sont mineurs (troisième et quatrième), et trois majeurs (premier, second et cinquième).

RELATIFS DE DO MAJEUR. — La mineur, Sol majeur, Fa majeur, Mi mineur, et Ré mineur.

RELATIFS DE LA MINEUR. — Sol majeur, Fa majeur, Mi mineur, Ré mineur, et Do majeur.

NOTES CARACTÉRISTIQUES. — Notes d'une gamme relative qui n'appartiennent pas au ton principal.

L'accord parfait de dominante et l'accord de septième dominante contiennent toujours une ou deux notes caractéristiques.

MODULATION DANS UN TON RELATIF.

1° Se fait au moyen d'une cadence parfaite du ton où l'on veut aller, précédée de l'accord de tonique du ton que l'on quitte.

2° Au moyen d'une cadence imparfaite; mais une modulation n'est jamais complète sans finir par une cadence parfaite.

3° On peut placer l'accord de dominante de la gamme où l'on va, à la suite de tout autre accord que celui de tonique de la gamme que l'on quitte.

4° On peut se servir, au lieu de l'accord de septième dominante, de l'un des accords qui en dérivent.

5° On peut placer sur le cinquième degré de la gamme où l'on veut aller le second renversement de l'accord de tonique de cette même gamme, suivi de l'accord de dominante qui forme la modulation.

ACCORDS INTERMÉDIAIRES. — Accords placés entre la tonique du ton que l'on quitte et la dominante du ton où l'on va. Ils sont ordinairement communs aux deux gammes que l'on veut unir.

XVI. — Page 116.

MODULATION DANS UN TON ÉLOIGNÉ.

1° On peut rendre mineur l'accord de tonique d'une gamme majeure en baissant d'un demi-ton la tierce de l'accord.

2° On peut rendre majeur l'accord de tonique d'une gamme mineure en haussant d'un demi-ton la tierce de l'accord.

Au moyen de ces altérations, on peut moduler d'une gamme majeure dans toutes les relatives de la même gamme mineure, et d'une gamme mineure dans toutes les relatives de la même gamme majeure.

3° On peut faire des modulations très éloignées au moyen des cadences rompues.

La plus usitée de ces modulations est celle où la dominante à la basse monte d'un demi-ton sur la fondamentale d'un accord parfait.

On complète cette modulation en plaçant, après l'accord qui suit la dominante, quelques autres accords, qui conduisent à une cadence parfaite.

4° On peut placer à la suite d'un accord de tonique d'une gamme quelconque, l'accord de tonique d'une autre gamme très éloignée où l'on veut aller. Dans ce cas, il faut compléter la modulation en plaçant à la suite de ce dernier accord de tonique quelques autres accords de sa gamme, ou tout au moins une cadence parfaite.

5° On passe dans une gamme éloignée en changeant enharmoniquement une des notes d'un accord de septième diminuée.

6° En changeant enharmoniquement une, deux ou trois notes de l'accord de septième diminuée, la note la plus basse de cet accord devient tierce, quinte ou septième d'un autre accord de septième diminuée.

7° A l'aide des changements enharmoniques, la tierce, la quinte et la septième d'un accord de septième diminuée peuvent devenir la note la plus basse d'un autre accord de septième diminuée.

8° L'accord de septième diminuée peut faire sa résolution sur un accord quelconque, pourvu que la fondamentale, la quinte et la septième fassent leur résolution ordinaire, restent en place pendant l'accord suivant, ou changent enharmoniquement ou chromatiquement.

9° Si l'on change enharmoniquement la septième d'un accord de septième dominante, Sol, Si, Ré, Fa, par exemple, cet accord devient accord de sixte augmentée, Sol, Si, Ré, Mi ♯.

21

En plaçant un accord de sixte augmentée à la suite d'un accord de tonique, on peut moduler d'une gamme quelconque à toutes les autres gammes.

Dans la réalisation de l'accord de sixte augmentée, suivi de l'accord de dominante, deux quintes sont généralement permises.

DEMI-MODULATION. — Se forme sur un accord étranger à la gamme où l'on est, que l'on rencontre quelquefois dans un morceau de musique.

FAUSSE RELATION. — Mauvais effet d'un accord altéré qui n'est pas précédé du même accord sans altération.

Afin d'éviter cet effet, il ne faut pas doubler la note à altérer si les deux parties ne marchent pas par mouvement contraire et par degrés conjoints.

Dans la modulation par seconde supérieure, la fausse relation est permise entre la basse et l'une des parties supérieures.

XVII. — Page 129.

NOTES ACCIDENTELLES. — Il y en a deux espèces :

1° Celles qui servent à unir les notes réelles de deux accords : broderie, appoggiature et notes de passage.

2° Celles qui sont la prolongation d'une note réelle d'un accord sur un autre accord auquel elle est étrangère : suspension, retard et pédale.

BRODERIE. — Note accidentelle séparée par un intervalle de seconde, supérieure ou inférieure, de la note réelle qui la précède et qui la suit.

La broderie peut être simple, double, triple, ou quadruple, suivant qu'une, deux, trois ou quatre notes, étrangères à l'accord, se trouvent entre la même note réelle répétée.

Les notes qui composent la broderie appartiennent le plus souvent à la gamme où l'on est; mais elles peuvent être étrangères à cette gamme.

APPOGGIATURE. — Note accidentelle qui précède ou qui suit une note réelle à distance de seconde.

La note réelle qui reçoit l'appoggiature peut être doublée.

NOTES DE PASSAGE. — Notes accidentelles ajoutées quand deux parties marchent par degrés disjoints, pour combler la distance qui sépare les notes réelles.

On peut placer des notes de passage dans plusieurs parties à la fois, pourvu qu'elles forment des intervalles de tierce ou de sixte.

Les notes de passage peuvent marcher par mouvement contraire.

Quand deux parties marchent par mouvement contraire et par degrés disjoints, on peut placer des notes de passage de valeur différente entre chacune de leurs notes réelles.

SUSPENSION. — Prolongation d'une note réelle sur un accord auquel elle est étrangère.

La suspension se compose de trois parties : 1. Préparation : 2. Suspension : 3. Résolution.

La préparation et la suspension doivent se faire par la même note.

La préparation et la suspension doivent avoir une durée égale; mais la durée de la préparation peut être plus longue que celle de la suspension.

La suspension doit toujours se trouver au commencement de la mesure.

NOTE SUSPENDUE. — Note sur laquelle la suspension fait sa résolution. Elle ne doit jamais être doublée dans les parties supérieures, bien qu'elle puisse l'être à la basse.

On peut suspendre la fondamentale, la tierce et la quinte des accords, jamais la septième ni la neuvième. La tierce et la fondamentale sont suspendues plus souvent que la quinte.

Les suspensions faites avec les accords de trois sons ou l'accord de septième dominante, sont les meilleures.

Dans les accords de sixte augmentée, on suspend souvent la note qui forme avec la basse l'intervalle de sixte augmentée.

Quelquefois on ajoute de la broderie aux suspensions.

DOUBLE SUSPENSION. — Deux notes d'un accord suspendues à la fois.

ACCORD DE ONZIÈME DE TONIQUE. — Espèce de suspension où, à la fin d'un morceau, toutes les notes de l'accord de septième dominante ou de neuvième mineure sont suspendues dans les parties supérieures pendant que la tonique est à la basse. Dans ce cas, la basse forme, avec une des parties supérieures, un intervalle de onzième. Cette espèce de suspension se chiffre par + 7.

RETARD. — Suspension qui fait sa résolution par degrés disjoints.

SYNCOPE. — Suspension où la durée de la note retardée est coupée par un accord auquel elle est étrangère.

ANTICIPATION. — Le contraire du retard, c'est-à-dire que l'une des notes réelles d'un accord se fait entendre avant les autres.

PÉDALE. — Note prolongée dans une partie pendant la durée de plusieurs accords, et qui est étrangère à quelques-uns d'entre eux.

XVIII. — Page 141.

RÈGLE D'OCTAVE. — Règle qui détermine les accords qui doivent être placés sur chaque degré d'une gamme ou octave.

ACCORD DE TRITON. — Nom donné au troisième renversement de l'accord de septième dominante, à cause de l'intervalle de quarte augmentée que la basse forme avec une des parties supérieures. Il se chiffre par + 4.

TRANSPOSITION. — L'art de lire un morceau de musique dans un ton différent de celui qui est indiqué à la clef.

La tonique de la gamme que l'on veut avoir doit occuper la même place sur la portée que la tonique de la gamme que l'on veut transposer. On cherche alors une autre clef qui donnera le nom de la tonique qu'il nous faut.

Le nom de la tonique ainsi changé, on peut lire les notes qui la suivent à partir d'elle sans les déplacer sur la portée.

Il faut ajouter à la clef employée à transposer les accidents convenables à la gamme que nous désirons obtenir.

Pour rendre une transposition facile à lire, on peut la traduire avec les clefs de Sol et de Fa.

La nature de la gamme se conserve toujours en transposant, c'est-à-dire, la transposition d'une gamme majeure doit se faire en majeur, et celle d'une gamme mineure en mineur.

Les transpositions les plus usitées sont celles qui montent ou descendent d'un demi-ton, et celles qui montent ou descendent d'un degré.

Dans les transpositions d'un demi-ton, au-dessus ou au-dessous, les notes conservent leurs mêmes noms, et l'on change seulement les accidents qui sont à la clef.

XIX. — Page 149.

MARCHE HARMONIQUE. — Succession d'accords qui se répètent dans le même ordre pendant la durée de plusieurs mesures conjointes.

MARCHE SIMPLE. — Se compose d'accords de la même nature.

MARCHE COMPOSÉE. — Se compose d'accords de natures différentes.

MODÈLE. — Basse sur laquelle on fait plusieurs marches différentes.

CANON. — Se compose de deux parties qui marchent alternativement par les mêmes intervalles.

XX. — Page 152.

ACCOMPAGNEMENT D'UN CHANT DONNÉ.

1° Quand toutes les notes d'un chant n'ont que de grandes valeurs, on peut considérer chacune comme fondamentale, tierce, quinte, ou septième, d'autant d'accords différents.

2° L'essentiel est d'avoir de bons intervalles entre la basse et le chant.

3° On peut écrire le chant au soprano, au contralto, ou au ténor. En tout cas, il faut commencer par former la basse.

4° Dans l'accompagnement d'un chant, il faut toujours éviter des quintes et octaves réelles. Quelquefois les quintes et octaves cachées sont permises.

5° Une des parties peut être supprimée, pourvu que les notes essentielles des accords se trouvent dans les autres parties.

FIN.

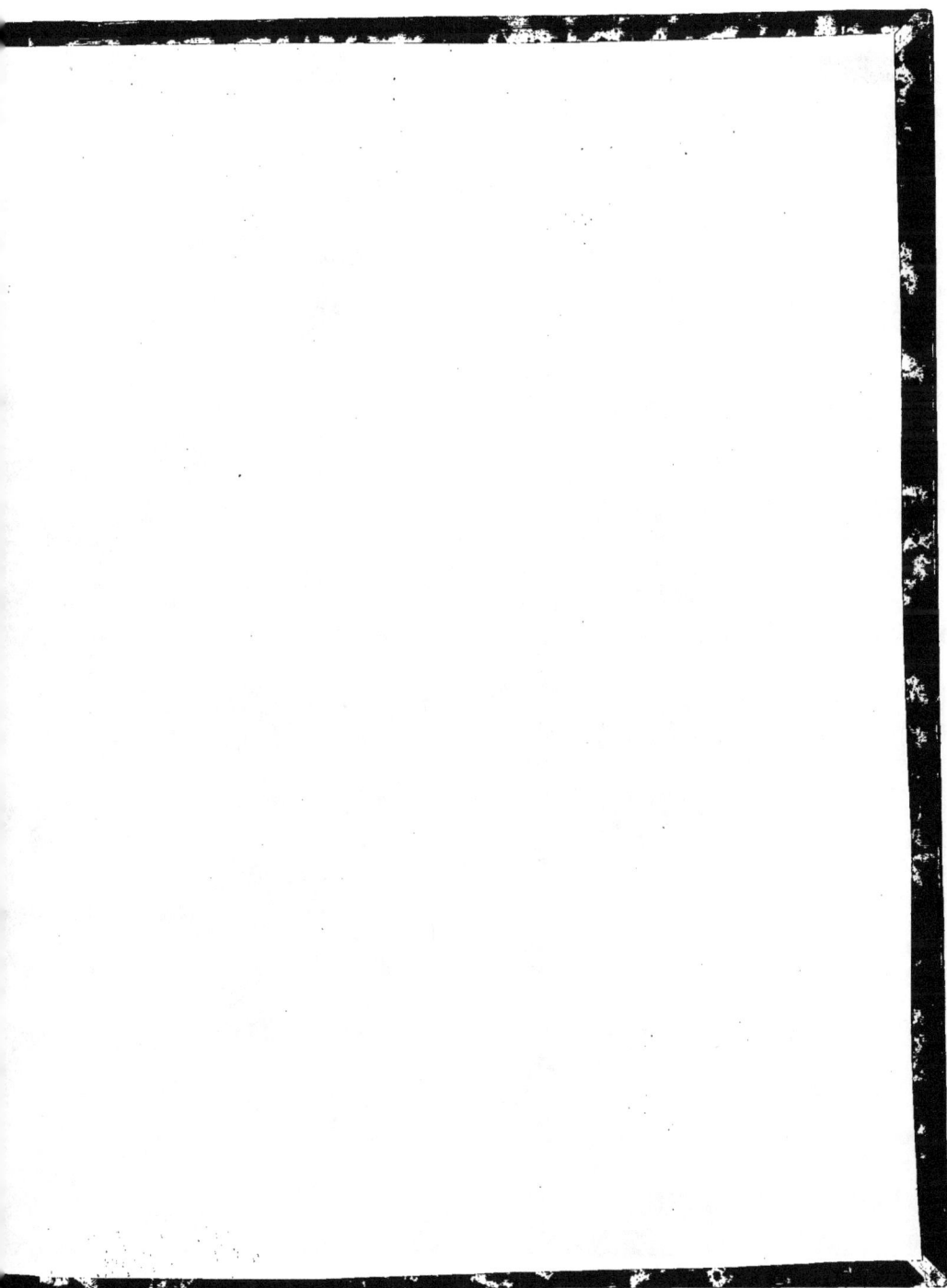

www.ingramcontent.com/pod-product-compliance
Lightning Source LLC
Chambersburg PA
CBHW072042090426
42733CB00032B/2060